Heydenreich Karl Heinrich

Briefe über den Atheismus

Heydenreich Karl Heinrich

Briefe über den Atheismus

ISBN/EAN: 9783744683562

Hergestellt in Europa, USA, Kanada, Australien, Japan

Cover: Foto ©ninafisch / pixelio.de

Weitere Bücher finden Sie auf **www.hansebooks.com**

Briefe

über

den Atheismus.

Herausgegeben

von

Karl Heinrich Heydenreich.

Leipzig,

bei Gottfried Martini. 1796.

dem Herrn

Doktor und Senator

R u d o l p h   H o m m e

in Leipzig

gewidmet.

und

Vorerinnerung.

Ich habe in meinem Taſchenbuche
für denkende Gottesverehrer,
der darin befindlichen zweyten Abhandlung: über die Natur des Glaubens, einen Brief beygefügt, welcher
die Geſtändniſſe eines Atheiſten über ſeine Meynungen und ſeine davon abhängige Gemüthsſtimmung enthält. Eine
lebhafte und freye Darſtellung des Unglaubens eines ſolchen Geiſtes, dem man

gewifs Denkkraft und Adel des Herzens nicht abfprechen kann, fchien mir über die Theorie des Glaubens felbft nicht wenig Licht zu verbreiten, und ich war weit entfernt zu fürchten, dafs es Lefer geben könne, welche nach reiflicher Erwägung der in der Einleitung und erften Abhandlung enthaltenen Ideen durch jenen Brief in Verlegenheit gefezt würden. Durfte ich mir fchmeicheln, in den eben gedachten Auflätzen den Zufammenhang der religiöfen Ueberzeugungen mit der höhern Cultur der Menfchheit richtig beftimmt zu haben; fo konnte ich auch vorausfetzen, dafs man das verwirrte Räfonnement, und den verftimmten Gemüthszuftand jenes Leugners aus den richtigen Gefichtspunkten anfehen, und gehörig würdigen werde.

Der in jenem Briefe enthaltene Atheism ift nicht der *Atheism* der fpekulativen Vernunft, welcher die Unmöglichkeit eines Gottes aus Be- griffen oder Thatfachen der Natur zu erweifen wähnt; die Widerlegung die- fes Atheism nach allen Formen und Wendungen, die er nehmen kann, ift durch die kritifche Philofophie vollendet. Es ift, wenn ich fo fagen darf, der Atheism der moralifchen Ver- nunft und diefer zwar, getrieben bis an die äufferfte Grenze.

Der Atheism der moralifchen Vernunft beruht auf demfelben Grun- de, auf welchen fich der Theism diefer Vernunft ftüzt, nämlich auf dem Be- wufstfeyn des Sittengefetzes und der Anerkennung der Würde feiner ver- nünftigen Natur. Er kann in feiner

Vermeſſenheit nicht weiter gehen, als
es von dem Urheber jenes Briefes geſchieht, welcher eben dadurch, daſs er
die Gottheit leugnet, Selbſteinigkeit zu
gewinnen, und die Hoheit ſeines Weſens zu ſichern glaubt.   Er bezwekt
durch Verneinung der religiöſen
Glaubensfragen ganz daſſelbe, was der
Gläubige durch Bejahung derſelben
bezwekt.

Wenn nach den Reſultaten der Vernunftkritik der Grund aller religiöſen
Ueberzeugung in der Nothwendigkeit
über ſeine ſittliche Beſtimmuug zur
Selbſteinigkeit zu gelangen, und in der
Unmöglichkeit liegt, dieſe Selbſteinigkeit durch irgend ein andres Mittel, als
die Glaubenswahrheiten der Religion zu
gewinnen; ſo iſt der Atheism jenes Briefes der einzige, welcher jezt nach gänz-

licher Ueberwindung alles demonſtrati‑
ven Atheism, noch furchtbar ſeyn kann.
Er iſt um ſo furchtbarer, da er mit der
Religion des reinen Herzens die edelſte
Abſtammung theilt, da man ihm den
Charakter einer gewiſſen Gröſse zuge‑
ſtehn muſs, und da er nicht auf Bewei‑
ſen, die man widerlegen könnte, ſon‑
dern auf einer ſubjektiven Richtung und
Stimmung der Gemüthskräfte beruht.

Das Irrige dieſes Atheism zeigen, iſt
etwas anders, als den Unglauben des
Leugners ſelbſt heben. Man zeigt
das Irrige deſſelben, wenn man aus
der Natur des Menſchen darthut, er
könne nur durch den Glauben Eins mit
ihm ſelbſt ſeyn, und die Selbſteinigkeit,
welcher der Läugner ſich ſchmeichelt,
ſey ein Selbſtbetrug. Man hebt den
Unglauben, indem man die Urſachen je‑

ner Verblendung wegräumt, vermöge welcher der Leugner sich als übereinstimmend mit ihm selbst denkt, und indem man diejenigen Triebfedern in den höchsten Grad der Wirksamkeit fezt, welche den Menschen bestimmen, vollkommene Selbsteinigkeit zu dem höchsten Zwecke feiner gesammten Natur zu machen. Die Grundlinien der richtigen Methode, beyde Zwecke zu erreichen, sind sowohl in der Einleitung, als der ersten Abhandlung des Taschenbuchs f. d. **G.** von mir gezogen worden.

Nach demjenigen Gesichtspunkte, aus welchem ich die Gründe aller Ueberzeugung von den Religionswahrheiten betrachte, kann ich jenen Atheism für nichts anders als für eine Gemüthskrankheit halten, die aber unter die erhabnen Gemüthskrankheiten gehört. Ein Menfch, deffen Geift und Herz gefund find, mufs Glauben haben; wer hingegen fich gezwungen fühlt, ungläubig zu feyn, ift wahrhaft krank, an Geift und Herz zugleich. So betrachtet auch der Verfaffer der S. 150. eingerückten Antwort jenen Atheism, und wenn ein öffentlicher Beurtheiler des Tafchenbuchs äufferte, diefe Antwort fähe mehr einem afcetifchen Refponfum, als einer Widerlegung ähnlich, fo traf er gerade den wahren Charakter diefer Antwort, welche nicht anders als afcetifch ausfallen konnte.

Gegenwärtig erfcheint die ganze Reihe von Briefen, die mit jenem erften, welchen der Herausgeber, nicht ohne Befugnifs, in vielen Stellen umgearbeitet liefert, im Verbindung fte-

hen. Sie enthalten theils eine kri-
tiſche Prüfung des Unglaubens, von
welchem die Rede iſt, theils Vorſchlä-
ge, wie er gehoben werden könne.
Wer übrigens jener Atheiſt, oder ob
er vielleicht gar, wie mehrere Leſer
geglaubt haben, eine erdichtete Per-
ſon ſey, iſt eine ſehr gleichgültige Sache, da es blos darauf ankommt, ob
ſein Räſonnement und ſein Gemüths-
karakter möglich, und die von ſeinem
Gegner verſuchte Beurtheilung wahr
und gründlich iſt.

Erſter Brief.

R. ** an M. ***

Mein Herr!

Wenn Geiſter, die mit gleichem Feuer für
Freyheit des Denkens und Heiligkeit einer durch
eigne Kraft redlich gewonnenen Ueberzeugung
glühen, ſelbſt in Gegenſtänden der Religion keine
Geheimniſſe vor einander zu haben brauchen; ſo
darf ich mich Ihnen wohl ohne Bedenklichkeit
mit einem Briefe nähern, desgleichen Sie vielleicht bis jezt nur äuſſerſt wenige, vielleicht gar
keinen erhielten. Vor dem Pöbel der Menſchen,
dem vornehmen ſowohl als dem niedrigen, müſſen wir oft aus Vorſicht die Reſultate unſers For-
ſchens und ſelbſt unſre edelſten Zweifel verbergen. Allein wenn Freunde der Wahrheit vor
einander ſtehn, ſo dürfen die Seelen ſich öfnen,

und keiner hat fich eines Geftändniffes zu fchä-
men, felbft, wenn es das Geftändnifs desAtheism
wäre.

Sie, mein Herr, beben nicht zurück, wenn
Sie finden, dafs diefer Brief der Brief eines Got-
tesleugners ift, und die Beftimmung hat, Ihnen
das Innerfte feines Gemüthszuftandes zu offenba-
ren. Sie halten es eben fo wenig für entehrend,
mit mir, (in Ihren Augen vielleicht einem Verirrten) in geiftige Gemeinfchaft zu treten, als
ich erröthe, mich ihnen als ein Wefen anzukün-
digen, welches keine Gottheit glaubt, und keiner Gottheit bedarf.

Allein, wenn fie auch nicht vor mir zurück-
fchaudern, fo erftaunen Sie doch gewifs über
meine Verftockung. Sie mufs Ihnen um fo un-
begreiflicher feyn, da Sie dem Studium der kritifchen Philofophie, wie ich weifs, die lebendig-
fte und feftefte Ueberzeugung von den Religionswahrheiten verdanken, und eine gleiche Ueberzeugung durch daffelbe Mittel für alle Menfchen
für möglich halten. Und Sie trauen vielleicht
ihren Augen nicht, wenn Sie lefen, dafs ich unerachtet der eifrigften und glücklichften Bemühun-
gen in das Syftem Kants einzudringen, fo wenig

Stimmung zum Glauben gewonnen habe, dafs
ich mir nicht einmahl die Möglichkeit denken
kann, wie ein vernünftiger Menfch vernünftiger
Weife glauben könne.

In Grunde erftaune ich felbft über meine Verftockung, um fo mehr, da ich über den Grund
derfelben nicht einig werden kann, wie unpar-
theyifch ich mich auch von allen Seiten prüfe.
An meinem Willen liegt es am allerwenigften;
denn obfchon ich nicht fo fchwach bin, um nicht
auch ohne allen Glauben die Laufbahn des Lebens ruhig und fo viel als möglich tugendhaft zu-
rückzulegen, fo habe ich doch zugleich auch
Einbildungskraft genug, um mir das Befeligen-
de einer folchen Ueberzeugung, deren Möglichkeit ich nur nicht begreife, vorzuftellen. Meinem Verftande kann ich, unerachtet ich kein
Vorurtheil für ihn hege, die Schuld eben fo wenig
beymeffen, ich fchmeichle mir alle Beweifs-
gründe für die Religionswahrheiten mehr als
oberflächlich gefafst zu haben. Wo foll ich alfo
den Grund fuchen? Kann man mir es verden-
ken, wenn ich argwohne, es gebe gar keinen
fichern Weg, zum Glauben an Gott und Unfterblichkeit zu gelangen, und felbft der von dem Urheber der kritifchen Philofophie eröfnete, könne

höchftens zu einer frommen Selbfttäufchung führen, wenn man ihn mit gutem Willen, und hin-
gegebener Gefinnung einfchlägt?

Nichts intereffirt mich mehr, als mich felbft
in allen Richtungen und Stimmungen meines
Gemüths zu begreifen, und vor allem möchte
ich über die Urfachen meiner Ungläubigkeit in
Beziehung auf Religion aufgeklärt werden. Ich
kann mich darein ergeben, ohne Religion aus der
Welt zu gehen, aber den Wunfch kann ich nicht
überwinden, vor meinen lezten Athemzuge noch
zu erfahren, warum ich nicht für die Religion,
oder die Religion nicht für mich war.

Sie, mein Herr, haben in mehrern Stellen
Ihrer der Religion gewidmeten Schriften die Andeutung gegeben, dafs der Glaube nicht die
Folge der Einficht der Gründe fey und dafs die
Wirkfamkeit diefer Gründe nicht etwa von jener
Einficht abhänge. Diefe Andeutung hat mich
aufmerkfam gemacht; es fcheint mir etwas darinn zu liegen, wodurch ich Auffchlufs über
meine Situation bekommen könnte, und ich geftehe es, dafs fie vorzüglich mir das Zutrauen
eingeflöfst hat, mit welchem ich Sie um ein phi-

lofophifches Refponfum über meine Ohnmacht zu glauben bitte.

Ich fehe aber wohl, dafs ich ein folches von Ihnen nicht erwarten kann, wenn ich Sie nicht mit der Gefchichte meiner religiöfen Erziehung und dem Gange meines Nachdenkens über Religionswahrheiten bekannt mache. Hören Sie mich, und urtheilen Sie.

Mein allererfter Religions-Unterricht war der gewöhnliche. Bibel und Heilsordnung in der Hand, befahl man mir, mir gewiffe Nahmen geläufig zu machen, von denen ich eigentlich nicht viel mehr verftand, als dafs ich mich fehr empfindlichen Züchtigungen ausfezte, wenn ich fie nicht behielt. Kaum wufste ich, wozu meine fünf Sinne, meine Hände und Füfse dienten, als man mir fchon von einem Gotte, einem Sohne, einem Geifte deffelben und einer Dreyeinigkeit vorredete. Ich lernte diefs alles mit kindifch nachgebendem Sinne auswendig, und wufste es zu grofser Zufriedenheit meiner Eltern bey guter Gelegenheit anzubringen, unbekümmert übrigens, was es fromme, und wohin es führe.

Ich wuchs heran, mein Gefühl für das
Schöne der Natur, für Wohl und Wehe der Welt
entwickelte sich; mein jugendlich heitrer Sinn
stellte mir Alles in einem lieblichen Lichte dar,
und ich genoſs gleichſam in einer Art von Rau-
ſche jene Epoche des Lebens, die allein uns
reine Freude gewährt. In den Stunden dieſer
unſchuldigen Trunkenheit kann ich ſagen, daſs
ich die erſten Ahndungen von Religion hatte,
oft beym Anblicke einer lachenden Frühlings-
ſcene wandelte mich mit einem angenehmen
Grauen der Gedanke eines Weſens an, welches
in geheimniſsvoller Verborgenheit all dieſen Zau-
ber wirkte, und die Begier dem Verborgenen
zu danken, ſtrebte mit Wolluſt aus meiner Bruſt
empor. Allein dieſe mir willkommnen Illuſio-
nen wurden mit den Fortſchritten meiner wach-
ſenden Jugend immer ſeltner und ſeltner, und
ſie verſchwanden ganz, da der Rauſch eines
friſchen, ungetrübten Lebensgefühles mich nicht
mehr hinderte, Natur und Welt unpartheyiſch
und wahr zu betrachten.

Die Natur hatte durch ihre reizende Auſſen-
ſeite mein Herz beſtochen; die Vernunft ent-
deckte die Beſtechung.

Es

Es fehlte mir nicht an Lehrern, welche meine Stimmung für das Vollkommne, Zweckmäßi-
ge und Schöne in der Welt zu benutzen suchten,
um in meiner Seele, einen, wie sie glaubten, fe-
sten Grund für die Religion zu legen. Nichts
wurde unterlassen, was nur irgend dazu beytra-
gen konnte, meinem Geiste jene Einseitigkeit und
Verblendung mitzutheilen, nach welcher wir ge-
neigt werden, nur das Harmonische in den Dingen um uns her zu bemerken, und endlich in
eine Verliebtheit gegen die Welt verfallen, die
eben so blind ist, wie jede andre, und uns in tau-
send Täuschungen verwickelt. Allein, wie kunst-
reich sie auch verfuhren, um mir durch eine gewisse Art von Politik die Religion anzuschmei-
cheln, so waren dennoch ihre Versuche verge-
bens, und trugen in der That mehr dazu bey,
mir alle Stimmung für den Glauben vollends zu
nehmen, als eine feste Ueberzeugung von den
Wahrheiten der Religion in mir zu gründen.
Unvorsichtiger Weise hatten sie meine Wißbegier
für das Innre der Naturforschung gereizt, und
mir eben dadurch die Waffen gegen sie in die
Hände gegeben. Denn durch nichts kann man
wohl den gleisenden Schein der Physikotheologie
glücklicher enthüllen, als durch eine tiefe und

ausgebreitete Einficht in die Kräfte und Ordnung
der Natur felbft. Zwar fagt ein grofser Mann,
dafs die Philofophie, worunter er vorzüglich Na-
turkunde verfteht, um fo mehr zu Gott führe, je
tiefer man in fie eindringt, während fie, ober-
flächlich gekoftet, zum Unglauben verleitet *).
Allein offenherzig mufs ich geftehen, dafs ich
das Gegentheil für wahr halte, und überzeugt
bin, die Fähigkeit eines Menfchen zum Glauben
werde in dem Maafe eingefchränkt, in welchem
er feine Erkenntnis der Natur ausbreitet, und feine Einficht in ihre Kräfte fefter und tiefer.grün-
det. Wenigftens ift es das Refultat *meiner* Erfahrung. Die Natur hat mich, wenn ich fchärfere
Erforfchungen über fie anftellte, nie zu Gott,
fondern immer wieder auf fie felbft zurückge-
führt.

Viele Menfchen verfichern, dafs Naturbe-
trachtung mit offnem warmen Herzen, fie über
die Erde erhebe, dafs fie, wenn fie mit Rührung
ihre Blicke über den wundervollen Schauplatz
der Schöpfung verbreiten, fich mit ihren Ideen
nicht innerhalb der Grenzen deffelben halten

---

*) Philofophia obiter libata a deo abducit, funditus ex-
haufta ad eundem reducit. B a c o.

können. Als Knabe erfuhr ich auch zuweilen diese Täuschung; sie war mir willkommen, und war auch dem Knaben zu verzeyhen. Sie verschwand indessen, wie der ganze Traum der Knabeniahre mit allen seinen angenehmen Irrthümern, der gereifte Jüngling konnte sich nie aus der Natur herausfinden, ja er fühlte auch gar kein Bedürfnis dieses zu thun, je mehr er hier eingewohnt war, um so mehr gefiel es ihm. Und, sagen Sie selbst, was anders treibt unsern Geist aus der lebenvollen Natur in eine luftige Ideenwelt, als jene Verblendung, mit der wir in die Natur hineintragen, was nicht in ihr ist, und das *übersehen*, was vor uns liegt, und ihre unerschöpfliche sich selbst genügende Kraft ankündigt? Oder dringen wir nicht der Natur die phantastischen Hirngespinnste von Endzwecken und Zwekken auf, die ihrem Reiche fremd sind, und drükken absichtlich unsre Augen gegen ihren ewigen Mechanismus zu, von dem allein wir alles zu erwarten haben, was wir hoffen und fürchten, da wir nichts kennen als ihn? Zeigen Sie mir einen Endzweck der Natur, ja zeigen Sie mir nur einen Zweck in ihr, der nicht durch unsern dichtenden Geist untergeschoben wäre. Ihr ewiges Seyn ist Eines mit ihrer ewigen Ordnung. Aber

der Gedanke diefer ewigen in fich befchloffenen
Ordnung ift für die meiften Menfchen fo uner-
träglich, dafs fie lieber über der Natur zu Kin-
dern werden, als dafs fie die wahre Anficht derfelben mit männlicher Feftigkeit faffen follten.

Mir verurfacht es ein erhabnes Gefühl, diefe
Ordnung zu denken, welche nie anfieng und nie
enden wird, und das Bewufstfeyn, dafs ich diefen Gedanken ertragen kann, läfst mich nächft dem
fittlichen Bewufstfeyn die Würde meiner Exiftenz
am kräftigften empfinden. Iene Vorftellung hat
fo viel Wolluft für mich, dafs ich durch fie auch
jene Schrecken überwinde, welche die Hinficht
auf die Grenzen des Dafeyns für die meiften Menfchen mit fich führt. Ich fühle mich ftolzer, wenn
ich bedenke, dafs nur der Menfch in der ganzen
thierifchen Schöpfung gewürdigt ward, iene
Ordnung durch feinen Geift abzufpiegeln, und
dafs diefe hohe Beftimmung allein fchon ihm vol-
ler Troft für feinen Untergang feyn mufs. —

Sie feben aus diefem allen, dafs die Kantifche Religionslehre in mir keinen phyfikotheolo-
gifchen Aberglauben zu bekämpfen fand. Alles
vielmehr, was der Urheber derfelben über die

Untauglichkeit der Beweifsart des Dafeyns Gottes aus der Natur fagt, fand einen gut vorberei-
teten Boden in meiner Seele. Indeffen waren
mir die Bemerkungen Kants über diefen Gegenftand wichtiger, als feine weitfchweifigen Wi-
derlegungen der metaphyfifchen Beweife, denen
er wohl zu viel Ehre erzeigte, indem er ihnen
fo viel Aufmerkfamkeit und fo vielen Scharffinn
widmete.

Allein fo wenig als von diefer Seite der Eingang der Kantifchen Grundfätze bey mir Hinderniffe zu überwinden hatte, fo wenig ward er
auf der andern durch ein gefühltes Bedürfnis be-
günftigt. Ich habe keinen Grund, ein Geheim-
nis daraus zu machen, dafs ich in meinem Unglauben keinen Mangel fühlte, und dafs mein
Herz eben fo wenig, um beffer und beffer zu
werden, nach einem Gotte verlangte, als mein
Verftand ihn fuchte, um fich über die Möglichkeit des Univerfums aufzuklären. Meine natürliche Sympathie und ein unverfälfchtes Wohl-
wollen gegen meine Mitwefen leitete mich mit
Sicherheit zum Guten und Edlen hin. Und die
Ueberzeugung, dafs es ein vermefsner widerfin-
niger Gedanke fey, die Möglichkeit des Univer

fums begreifen zu wollen, und die Idee eines Gottes am allerwenigften tauglich fey, um diefe Einficht zu erlangen, machte mich gegen jeden Verfuch gleichgültig, den Menfchen auf diefem Wege zu erleuchten. Mein Herz im vollen Gefühle feiner Selbftgenügfamkeit zum Guten, und meine Vernunft in fefter Refignation auf unmögliche Erkenntniffe, vertrugen fich vollkommen gut. In meinem Innern war gewifs mehr Ruhe, als in der Seele mancher neuerer Weltweifen, die, während fie: *das Eins mit fich felbft feyn*, zu ihrer Devife machen, oft auf einem und demfelben Blatte höchft fcharffinnig und höchft boshaft fchreiben. Dafs der Tod für mich nichts fchreckliches hat, habe ich bereits erklärt. Ich betrachtete fchon frühzeitig diefe Vernichtung meines ganzen Wefens, als das allgemeine Loos aller Lebenden, und je vertrauter ich mit diefer Anficht wurde, um fo mehr beftärkte ich mich in der Wahrheit, dafs entweder Stolz oder Schwäche den armfeligen Menfchen die Hofnung einer Fortdauer zum Bedürfniffe macht. Die Selbftgenügfamkeit meines Herzens und die Refignation meiner Vernunft wirkten kräftig zufammen, um mir eine Gemüthsftimmung zu geben, bey welcher der Gedanke der einftigen Vernichtung eben fo wenig meine

Moralität in Gefahr fetzen, als meine Ruhe und
meinen Lebensgenufs einfchränken konnte *).

Diefs war die Situation meines Geiftes und
.Herzens, als mich zuerft die Briefe des Herrn
Reinhold auf den neuen Weg aufmerkfam machten, auf welchem der Urheber der kritifchen Philofophie dem Menfchen den fichern Gewinn eines
unerfchütterlichen Religionsglaubens verfpricht.

Der Partheygeift wird freylich fagen, diefe
Situation fey im Ganzen genommen nicht eben

---

*) Dafs eine folche Denkungsart über Tod und Fort-
dauer, wenigftens nicht zu den Unmöglichkeiten gehört, beftätigt fich, wenn noch eine Beftätigung
nöthig ift, durch die Beyfpiele vieler an der franzö-
fifchen Revolution theilnehmenden Leugner und
Zweifler. Ganz in jenem Geift deklamirt Lequinio
in f. *prejuges detruits. Hommes insensés*, fagt er
unter andern in der Einleit. *honorez moins et re-
grettez moins les gens apres leur mort! mais pour
cela, préparez-vous-y pendant qu'ils vivent; ai-
mez-les avec franchife, tandis que vous le pouvez;
travaillez a les rendre heureux; foyez pleins de
l'idée qu'ils vont vous échapper demain, serrez les
lorqu'ils sont encore dans vos bras; profitez de la
minute; elle vos fuit; travaillez auffi pour les ra-
ees futures; mais fongez et fongez fans ceffe que
vous ferez dans le neant lorsqu'elles penseront a
vous.*

vortheilhaft gewefen, um mich für die Kantifche
Religionslehre empfänglich zu machen, ich hätte
mir eine ganz andre Stimmung geben follen, um
ihren Eingang zu befördern. — Sonderbar; eine Stimmung! gleichfam als ob es eine Brunnen-
kur wäre, zu welcher man fich vorbereiten müfste. Und noch dazu eine *günftige* Stimmung,
um ihren Eingang zu befördern! als ob nun gerade
ihr Eingang nothwendig wäre. — Wenn eine gewiffe Stimmung zu dem Studium jener Glaubenslehre gebracht werden mufs, fo mufs es eine folche feyn, bey welcher man von keinem von
fremden Gründen abhängigen Intereffe eingenommen ift, wodurch wahre Ueberzeugung gehin-
dert oder falfche Ueberzeugung erfchlichen würde. Und in diefer Stimmung befand ich mich.
Meine Seelenkräfte waren im Zuftande vollkommener Gefundheit, und mein Herz unverdorben,
ich war ohne Religionsglauben, aber auch fo wenig gegen ihn eingenommen, dafs ich mich vielmehr in jenem ruhigen Gleichgewichte befand,
wo man die Religion nicht fucht, aber auch nicht
verfchmäht, wenn man fie findet.

Wahr ifts, ich fand mich in eine neue Welt
verfetzt, als ich die moralifchen Schriften jenes

Weltweifen zum erften Male las, oder ich fah
mich vielmehr zum erften Male in einer Welt
recht um, in der ich längft gelebt hatte. Seine
fcharfe Sonderung aller eigennützigen Rückfich-
ten von den Prinzipien der Sittlichkeit war mir
eben fo wenig befremdend, 'als das Verhältnis,
in welchem er die Glückfeligkeit zur Sittlichkeit
zeigt. Längft hatte ich diefe Begriffe in meinem
Herzen getragen; jetzt lernte ich mich nur in
Hinficht ihrer vollkommen felbft verftehen, und
die hohe moralifche Ordnung ftellte fich meinem
Blicke in einem lichtvollen deutlichen Riffe dar.

Allein, wie vertraut auch der Gedanke diefer
moralifchen Ordnung meinem Herzen wurde, fo
erzeugte er dennoch in mir keine Nothwendigkeit, zu einem Glauben an Gott und Unfterblichkeit überzugehen. Vielmehr gieng es mir mit
der moralifchen Welt ganz fo wie mit der Natur. Je einheimifcher ich durch meine Erforfchungen im Reiche der Naturkräfte wurde, um fo
mehr verfchwand alles Bedürfnifs eines Glaubens an das Ueberfinnliche, und je mehr ich mich
jetzt in den Gedanken der fittlichen Ordnung vertie-
fte, um fo mehr gewann mein Herz an jener Selbftgenügfamkeit, bey der es keine Stütze für jenen

Gedanken fuchte. Mir fchien diefe Ordnung fo in
fich befchloffen, dafs die Vorftellung derfelben
mich immer nur auf fie felbft wieder zurückführ-
te. Weit entfernt, dafs fie mir irgend eine andre Ueberzeugung aufgedrungen hätte, zog fie
felbft aus eigner Kraft mein ganzes Gefühl von
Wahrheit und Gewifsheit an fich, und weder
mein Geift noch mein Herz fühlte einen Mangel
in diefem Kreife.

Schwerlich werden Sie, mein Theurer, in
diefen Zügen verkennen, dafs ich mir den Buch-
ftaben der Kantifchen Moralphilofophie zu bele-
ben und in den Geift derfelben einzudringen ge-
wuft habe. Und eben defshalb glauben Sie mir
gewifs auf mein Wort, wenn ich fage, dafs ich
fie für das edelfte Produkt der menfchlichen
Denkkraft halte.

Ich folge alfo mit treuem Sinne diefem grof-
fen Lehrer der Menfchheit, fo lange feine Erforfchungen fich innerhalb des Gebieths des
menfchlichen Herzens halten. Wenn er aber
aus diefem Kreife heraustritt, und für die ewigen
Wahrheiten des Herzens Stützen in der überfinn-
lichen Welt fucht, dann kann ich ihn nicht be-

gleiten, mein Herz hält mich felbſt zurück. Und
während er auf den Flügeln gewagter Ideen um
Gottheit und Unendlichkeit ſchwebt, bleibe ich
tief unter ihm ſtehen, im Kreiſe der moraliſchen
Ordnung, gottlos, aber hoffentlich doch edel.

Daſs das Ideal meines Herzens mich an die
Unendlichkeit verweiſst, fühle ich in jedem lich-
ten Augenblicke meiner moraliſchen Exiſtenz.
Aber dieſs liegt in der Natur eines jeden Ideals,
und wir betrügen uns, wenn wir folgern, daſs,
weil das Ideal reiner moraliſcher Güte nur einen
unendlichen Fortſchritt in der Annäherung zu-
laſſe, wir berechtigt ſeyen, eine unendliche Fortdauer zu hoffen. Auch durch einen unendlichen Fortſchritt wird es nie erreicht, und kann
von keinem Weſen als erreicht angeſehen werden.

Schwerlich hat der groſse Kant ſich ſelbſt ver-
ſtanden, wenn er in jener merkwürdigen und zu
meiner Verwunderung von Vielen ohne alle Bemerkung angezogenen Stelle ſagt: „*Einem ver-*
„*nünftigen aber endlichen Weſen iſt nur der Pro-*
„*greſſus ins Unendliche von niederen zu den hö-*
„*heren Stufen der moraliſchen Vollkommenheit*

„möglich. Der Unendliche, dem die Zeitbedin-
„gung nichts ist, sieht in dieser für uns endlosen
„Reihe, das Ganze der Angemessenheit mit
„dem moralischen Gesetze, und die Heiligkeit, die
„sein Gebot unnachlaßlich fordert, ist in einer
„einzigen intellektuellen Anschauung des Daseyns
„vernünftiger Wesen ganz anzutreffen. Was
„dem Geschöpfe allein in Ansehung der Hofnung
„dieses Antheils zukommen kann, wäre das Be-
„wußtseyn seiner erprüften Gesinnung, um aus
„seinem bisherigen Fortschritte vom Schlechtern
„zum Moralischbessern und dem dadurch ihm be-
„kannt gewordenen unwandelbaren Vorsatze eine
„fernere ununterbrochene Fortsetzung desselben,
„wie weit seine Existenz auch immer reichen mag,
„selbst über dieses Leben hinaus zu hoffen, und so,
„zwar niemals hier, oder in irgend einem abseh-
„lichen künftigen Zeitpunkte seines Daseyns, son-
„dern nur in der Gott allein übersehbaren Unend-
„lichkeit seiner Fortdauer dem Willen desselben
„völlig adäquat zu seyn." (Krit. d. pr. V. S.
221 — 223.)

Ein Gott, der die *Unendlichkeit* des Daseyns
vernünftiger Wesen *übersieht!* der sie übersieht
mit einer einzigen *intellektuellen Anschauung!*

der in den *endlosen* Reihen der Handlungen fittlicher Wefen, deren keine einzelne ihn befriedigt, *im Ganzen* dennoch *Heiligkeit* antrift! Sittliche Wefen, deren Gefinnung in keinem Zeitpunkte ihres Dafeyns, aber in der *gefammten Unendlichkeit*, die zugleich keine Grenzen hat, mit dem Willen Gottes *vollkommen* zufammenftimmt! — Ich geftehe es, mir fcheint jener grofse Mann, der überall fo menfchlich philofophirt, in diefer Stelle für höhere Geifter gefchrieben zu haben, als wir find.

Das Ideal der fittlichen Vernunft ift nicht erreichbar, diefs wird dem Urheber der kritifchen Philofophie jeder gern zugeben, der es mit ihm in gleicher Reinheit vorftellt. Nun denn, warum foll ich es nicht blos als Gefetz für den Zeitraum meines irrdifchen einzigen Lebens anfehn? Auch blos als diefs betrachtet, ift es der einzige Grund alles Seelenadels, den ich mir erwerben kann, und ich kann um nichts mehr darüber unzufrieden feyn, dafs ich es nicht in diefem Leben, als darüber, dafs ich es nicht in allen Aeonen erreiche.

Ich foll mir, nach jenem Ideale die Erwerbung der Würdigkeit vollkommen glückfelig zu

feyn, zum Zielpunkte für alle meine Beftrebun-
gen fetzen. Auch diefer Gedanke treibt mich
nicht über die Grenzen des jetzigen Lebens hinaus. Denn ich kann mir mich felbft ohne Widerfinn als ein Wefen vorftellen, dem jener Ziel-
punkt auch nur für einen fo kleinen Raum des
Dafeyns gegeben fey. Wenn die Natur einem
Künftler das Ideal des höchften Schönen in die
Seele legt, fein Genius ihn anfeuert, mit der Kraft
feiner Erfindung jenem Ideale nachzuftreben, und
er wirklich Darftellungen bildet, die das Streben
nach dem Ideale athmen, kann man diefes Wefen widerfinnig nennen? — Harmonie der Würdigkeit mit der Glückfeligkeit ift auch für mich
das höchfte Gut. Wenn ich mir nicht untreu
werden will, mufs ich unabläfsig darauf gerichtet feyn, mufs das Univerfum lediglich aus jenem
Gefichtspunkte betrachten. Ich fühle mich edel
in diefer Richtung meiner Vernunft, aber ohne
gedrungen zu feyn, eine Realifirung diefes höchften Gutes vorauszufetzen. Zufrieden, dafs ich
fähig bin, eine Höhe von Ideen zu erreichen,
gegen welche alle Wirklichkeit aufser mir zu-
rückbleibt, fähig die düftern Auffenfeiten fo vieler Scenen des Lebens durch ehrwürdige Schwär-

mereyen zu mildern, feufze ich nach keiner Allmacht, die mein fchönes Phantom realifire.

Und fo fehen Sie denn, dafs ich mit meinem
moralifchen Bewufstfeyn beftehe, ohne den Ue-
bergang zum Glauben machen zu müffen. Dafs
ich ein moralifches Wefen bin, ift mir nach dem
ganzen Umfange meiner Verpflichtung unmittelbar evident; wodurch ich es fey, und wozu ich
es fey, kommt mir bey dem Lichte diefer Evidenz gar nicht in den Sinn zu fragen. Ift es auch
wohl ein Gedanke für ein vernünftiges Wefen,
nach einem *Grunde* und *Zwecke* der *Moralität*
zu fragen? Kann fich der Widerfinn verbergen,
der darinn liegt? —

Ob ich bey diefer Allgenugfamkeit des Herzens eins mit mir felbft fey? Ich fühle keinen
Zwiefpalt in mir, und geniefse eine Entfchiedenheit und Ruhe, welche keinesweges als Folge
von Unkultur oder Leichtfinn des Charakters an-
gefehen werden kann. Ich bin fo weit entfernt,
mir wegen diefer Ungläubigkeit einen Vorwurf
zu machen, dafs ich mir vielmehr nicht verbergen kann, ich würde gefunken zu feyn glauben,
und in meinen Augen verlieren, wenn jemals
jene fefte Selbftftändigkeit meines Herzens durch

ein Bedürfniß zu glauben wankend gemacht
würde.

Urtheilen Sie nun, und, wenn Sie können
und müſſen, verurtheilen Sie. Die Data liegen
vor Ihnen. Redlich, wie ich mir ſie ſelbſt nur
immer ſagen kann, habe ich ſie Ihnen mitgetheilt.
Bekehrt zu ſeyn, intereſſirt mich, wie Sie wohl
denken können, nicht, aber die Löſung des Pro-
blems, warum die Kantiſche Gotteslehre, die bey
andern eine wahre Wunderkraft haben ſoll, gerade meine Verſtockung nicht beſiegen kann,
dieſe iſt es, warum ich Sie angelegentlich er-
ſuche.

Ich bin u. ſ. w.

———————

R **

M. ** an R. ***

So liebenswürdig und fchmeichelhaft für mich
auch immer die Offenheit ift, mit welcher Sie,
m. H. mir einen Zuftand Ihrer Seele fchildern,
welchen die meiften Menfchen als Geheimnifs
behandeln, fo mufs ich Ihnen dennoch geftehen, dafs die Aufforderung, welche mit Ihren Selbftgeftändniffen verknüpft ift, mich in
eine nicht geringe Verlegenheit fetzt.

Sie wünfchen einen Auffchlufs darüber, dafs
Sie, unerachtet Sie mit der Moraltheorie des Herrn
Kant vollkommen vertraut, und von ihrer Wahrheit innig überzeugt zu feyn fcheinen, dennoch
diefem Weltweifen bey feinem Uebergange zur
Religion nicht folgen können, ja überhaupt gar
keine Nothwendigkeit fühlen, wegen Ihres fittlichen Bewuftfeyns zum Glauben an Gott und

C

Unfterblichkeit überzugehen. Und da Sie glauben, dafs Sie fich gerade in der vortheilhafteften
Stimmung befinden, um ohne Vorurtheil und
Nebenintereffe für jene Religionslehre empfänglich zu feyn, fo fuchen Sie den Grund Ihrer
Unfähigkeit zu glauben, in der Schwäche des
von jenem Weltweifen für die Nothwendigkeit
des Glaubens geführten Beweifes.

Verftehe ich Sie recht, fo geht ihre Aufga-
be für mich dahin, entweder zu zeigen, wie es
der Wahrheit jener Religionslehre ungeachtet,
möglich fey, dafs ein Menfch bey der vollkom-
menften Einficht in diefelbe, bey der beften Stimmung feines Geiftes und Herzens, und ohne
alle zufällige Hinderniffe der Ueberzeugung, dennoch von derfelben nicht überzeugt werde, oder,
wenn diefs fich etwa gar nicht zeigen liefse, zu-
zugeftehen, dafs man jener Religionslehre die
Allgemeingültigkeit für alle Menfchen abfprechen müffe, und fie alfo nicht für die einzig
mögliche Religionslehre der Vernunft halten
könne.

Es thut mir weh, Ihnen für das Zutrauen,
welches Sie gegen mich äufsern, Mistrauen zu-

rückgeben zu müffen. Allein alles wohl über-
legt, was Sie mir in Ihrem fchätzbaren Briefe
mittheilen, kann ich den Verdacht nicht überwinden, dafs Sie fich in der Anficht und Beurtheilung Ihrer eignen Situation täufchen. Es
giebt Körperkrankheiten, welche mit der Einbildung gefund zu feyn, verknüpft find; in einem ähnlichen Falle befindet fich Ihre Seele.
Sie glauben, es ftehe vollkommen wohl mit Ihrem Geifte und Ihrem Herzen, und doch find
beyde offenbar in einem unnatürlichem Zuftande.

Sie erklären felbft, dafs es Sie nicht interes-
fire, bekehrt zu werden, auch diefs folgt aus
Ihrer Krankheit. Mir, der ich einerfeits jeder
Zudringlichkeit in Dingen diefer Art unfähig
bin, andrerfeits aber auch die Schwierigkeiten
kenne, welche mit der Heilung folcher Krankheiten verknüpft find; mir bleibt nichts übrig,
als die Wahrheit meiner Anagnofis zu rechtfertigen, und nach fichern Zeichen darzuthun, dafs
Ihre geiftige Gefundheit würklich zerrüttet ift.
Ich kenne Krankheiten diefer Art zu gut, um
mir zu fchmeicheln, Sie fogleich zu überzeugen; zufrieden, wenn Sie einigen Winken Ihre

Aufmerkſamkeit ſchenken, die Sie vielleicht zur
Gewiſsheit über die Möglichkeit Ihrer Gemüthsſtimmung hinleiten können.

Allein, ich ahnde einen Einwurf, mit welchem Sie mir ſchon hier entgegen kommen
werden; mein Urtheil, werden Sie ſagen, daſs
Sie geiſtig krank ſeyen, ſetze einen willkührlichen
Begrif der geiſtigen Geſundheit voraus. Und
ich muſs in der That zuvörderſt, ehe ich einen
Schritt weiter gehe, dieſen Begrif beſtimmen,
und die Art und Weiſe, wie ich ihn faſſe, rechtfertigen.

Wenn alle geiſtige Kräfte des Menſchen fähig
ſind, geſetzmäſig und mit gehöriger Stärke und
Dauer zu wirken, *wenn alle in der Beſchaffen-
heit dieſer Kräfte gegründete Bedürfniſſe lebhaft
genug gefühlt werden*, und alle dieſe Kräfte ſich
harmoniſch vereinigen, um die Befriedigung derſelben zu bewirken, wenn keine Kraft im Wider-
ſpruche gegen die andre ſteht, vielmehr ſie alle
mit einer ſolchen Einſtimmung handeln, daſs das
Weſen, *bey dem Bewuſtſeyn aller ſeiner weſent-
lichen Bedürfniſſe*, zugleich das Gefühl einer
vollkommenen Einigkeit mit ſich ſelbſt genieſst;

dann kann man fagen, dafs es geiftig gefund
fey.

Blos die Zufriedenheit mit ihm felbft und die
innre Ruhe, verbürgen keinesweges die geiftige
Gefundheit eines Menfchen; nur dann kann man
von jener auf diefe fchliefsen, wenn zugleich
keines feiner natürlichen Bedürfnifse unter-
drückt ift.

Es ift mit dem gefunden Geifte, wie mit dem
gefunden Körper. Es giebt Menfchen, welche
zu gewiffen Zeiten weder Hunger noch Durft
haben, ohne auch das fchwächfte Misvergnügen
zu fühlen; gemeiniglich halten fie fich in folchen Perioden für gefund, aber in der That find
fie es nicht, wie es die Erfahrung meiftens durch
die Folgen beftätigt. Bey andern ift die Reiz-
barkeit ihrer Nerven fo gefunken, dafs viele Um-
ftände, welche den Menfchen im natürlichen Zuftande Schmerz verurfachen, auf fie gar keinen
fühlbaren Einflufs haben; folche Menfchen können fich einen beträchtlichen Zeitraum hindurch
wohl fühlen, unerachtet fie wirklich krank find,
und fich, ihnen felbft unbemerkt, ihrer gänzlichen Schwächung und dem Tode nähern. Der

felbe Fall ist es mit gewissen Arten der Zerrüt-
tung der geistigen Gesundheit; das Wesen fühlt
gewisse Bedürfnisse nicht, *die es fühlen sollte*, und
täuscht sich selbst durch eine falsche Zufriedenheit, da es doch eben deshalb unzufrieden und
mistrauisch gegen seinen Zustand seyn sollte, weil
es jene Bedürfnisse nicht fühlt.

Ein solches Wesen *in dieser Lage* von der
Unnatürlichkeit seiner Stimmung überzeugen zu
wollen, würde ein ganz vergebliches Unternehmen seyn. Man muss das Bedürfnis wecken,
welches ihm fehlt; dies ist das erste Erfordernis
für seine Genesung.

Lassen Sie mich die Anwendung davon auf
Ihren Zustand machen, und nehmen Sie es für
einen Beweis einer von jedem Privatinteresse
freyen Redlichkeit an, wenn ich Offenheit durch
Offenheit vergelte. Ich beabsichtige dabey nichts,
als Befriedigung Ihres eignen Wunsches; denn
dass ich von meinen, wenn auch noch so wahren Andeutungen keinen sichern Erfolg erwarte,
habe ich Ihnen schon mit Freymüthigkeit erklärt.

Hören Sie denn in wenigen Worten mein
Urtheil: Wesentliche Bedürfnisse liegen in Ih-

rer Seele verfunken in einem unnatürlichen Schla-
fe, und diefer Schlaf ift nur durch Unterdrückung,
Gefetzwidrigkeit und Verftimmung gewiffer Vermögen Ihres Geiftes möglich. Ihr Wahn, als
feyen Sie mit fich felbft einig, ift offenbarer
Selbftbetrug, und Ihre geiftigen Kräfte ftehen in
einem Widerfpruche, den Sie nur nicht bemerken, oder fich felbft verbergen.

Die Betrachtung der Natur, verfichern Sie,
führe Sie immer nur auf fie felbft zurück, die
Ideen vom Zwecke feyn phantaftifch und entbehr-
lich ; je einheimifcher Sie durch Ihre Erforfchungen im Reiche der Naturkräfte werden, um fo
mehr verfchwinde bey Ihnen alles Bedürfnifs eines Glaubens an das Ueberfinnliche. — Möchte doch der Schatten des grofsen Bako, jenes
Vertrauten der Natur, deffen erhabenen Ausfpruch
Sie tadeln, aus der Unterwelt zurückkehren, und
einen Uebermuth niederfchlagen, der nur die
Folge eines falfchen Wahnes ift. — Wie? Sie
könnten wirklich die Begriffe aller Naturdinge
faffen, ohne Zwecke und Zweckmäfigkeit zu
denken, könnten wirklich die Form derfelben
durch die Kraft des blofsen Mechanifm erklären,
fänden keine Nothwendigkeit, die Vorftellung

einer nach Ideen wirkenden Cauſſalität zu Hülfe
zu nehmen? — Können Sie organiſirte Weſen
als nicht organiſirt denken, oder wenn Sie dieſs
nicht können, und ſie vielmehr als organiſirt denken müſſen, iſts möglich, daſs Sie ſich dieſelben
als organiſirt vorſtellen, ohne den Grund Ihrer
Form in einem Zwecke vorauszuſehen? —
Nein, verblendeter, mir aber zugleich achtungs-
würdiger Mann! Sie können dieſs nicht, können keine Roſe, nicht das kleinſte Inſeckt, nach
dem Baue ihrer Bildung betrachten, ohne ſich auf
den Gedanken von Zwecken und Zweckmäſigkeit zu ſtützen, und ſo wie Sie dieſe Gedanken
brauchen, beziehen Sie ſich nothwendig auf jene
nach Vorſtellungen wirkende Cauſſalität. Allein,
es ſcheint Ihnen zu gehen, wie vielen denkenden Köpfen, daſs Sie dieſe jederzeit unfehlbar ein-
tretende und ſich nur nicht immer zur vollkommenen Deutlichkeit entwickelnde Operation Ihrer
Urtheilskraft bey Betrachtung der Naturdinge
überſehn. Haben Sie Acht auf ſich ſelbſt, und
mein Urtheil iſt gerechtfertigt. —

Ie mehr Sie, ſagen Sie ferner, ſich in den Gedanken der moraliſchen Ordnung vertiefen, um
ſo weniger fühlen Sie eine Nothwendigkeit, zum

Glauben an Gott und Unfterblichkeit überzugehen, um fo mehr genügen Sie fich felbft, ohne alle Religion, und *Ihr Herz fühlt*, wie Sie fich ausdrücken, *keinen Mangel in diefem Kreife.* —

Darauf, mein Theurer, kann ich Ihnen nichts erwiedern, als eine Behauptung, die Ihnen unausbleiblich ein Machtfpruch fcheinen wird. Fühlen Sie wirklich bey Ihrer Vorftellung kein Bedürfnifs zu den Wahrheiten von Gott und Unfterblichkeit überzugehn, fo mufs jener Vorftellung Vollftändigkeit, Reinheit und Innigkeit fehlen. Beweifen kann ich Ihnen diefes freylich nicht zu augenblicklicher lebendiger Ueberzeugung, kann Ihnen nur zurufen: Prüfen Sie fich felbft, mit gänzlicher Verleugnung jedes Vorurtheils und jedes Nebenintereffes, welches Sie irre führen könnte; Sie dürften doch wohl finden, dafs noch viel an der vollkommnen Entwickelung Ihres moralifchen Bewufstfeyns, und der Innigkeit und Feftigkeit Ihrer Ueberzeugung von der ewigen Wahrheit des moralifchen Gefetzes nach feinem ganzen Umfange fehlt. Und, wenn es Ihnen gelänge, Sich davon zu überzeugen, fo würden Sie auch zugleich anerkennen, dafs die Einigkeit

mit Ihnen felbft, auf welche Sie fich mit fo grof-
fer Zuverficht berufen, in der That nur eingebil-
det und chimärifch ift.

Sie find, dafs ich in Kurzem Alles zufam-
menfaffe, weder in der Sphäre der phyfifchen
noch in jener der moralifchen Ordnung einhei-
mifch; wären Sie es, fo müfsten Sie auch den
Drang fühlen, fich in Ihren Ideen zu einer höhern Sphäre zu erheben, um in jener aus-
dauern zu können. *Ihr Herz fühlt keinen Mangel,* nichts, weil es reich ift, fondern weil es fich
an feine Armuth gewöhnt hat, und, niederge-
drückt durch diefelbe, nichts Höheres als fie
kennt. —

Ich fchliefse hier, unerachtet ich noch eine
Fülle von Ideen gegen die Aeufferungen Ihres
Briefes in Bereitfchaft habe. Es hängt lediglich
von Aufnahme, welche diefe Winke bey Ihnen
finden, ab, ob ich mich mit Ausführlichkeit und
Freymüthigkeit in künftigen Briefen auf die
Enthüllung aller Sophifmen einlaffe, durch
welche Sie, wie mir fcheint, Sich felbft täufchen. Können Sie fich nicht entfchliefsen, jene

Selbſtprüfung zu unternehmen, zu der ich Sie
aufgefordert habe, ſo ſind meine Worte verlohren, und dieſer ganze Briefwechſel Zeitver-
ſchwendung.

Ich bin u. ſ. w.

Die Art und Weife, m. H. wie Sie meinen Brief beantwortet haben, konnte mich nicht überraſchen. Bekannt genug mit dem Geſichtspunkte, aus welchem die aufgeklärtern und duldſamern Gläubigen den Leugner betrachten, war ich darauf gefaſst, und verſprach mir vor der Hand nichts weiter von Ihnen als dasjenige Gefühl, welches auch Ihr ganzer Brief wirklich athmet, — Mitleiden.

Sie erklären mich für geiſtig krank, und rechnen meine Ueberzeugung, vollkommen geſund zu ſeyn, ſelbſt mit zu meiner Krankheit. Sie empfehlen mir Selbſtprüfung, um mich von der Unnatürlichkeit meines Zuſtandes zu überzeugen, und dann um ſo fähiger zu ſeyn, die Mittel der Geneſung mit Erfolg zu brauchen.

Ich bin nicht ſo verblendet, um zu behaupten, der Fall ſey ganz *unmöglich*, daſs ich, ohne es

zu wiſſen, an einer Geiſteskrankheit leide. Ich
kenne die Krankheiten dieſer Art ein wenig, und
habe es zuweilen an mir ſelbſt erfahren, daſs ſie
ſich verbergen können. Um ſo bereitwilliger bin
ich, meinen Zuſtand mit aller Schärfe und Unpar-
theylichkeit zu prüfen, deren ich fähig bin.

Allein bey allem meinem guten Willen, bin
ich darüber in Verlegenheit, nach welchen Merk-
zeichen ich die Prüfung anſtelle. Es giebt, wie
Sie wohl wiſſen, keinen geiſtigen Puls, aus deſſen Schlägen man ſichere Folgerungen auf die Geſundheit oder Krankheit ſeines Geiſtes machen
könnte. Und ſo wie Krankheiten des Geiſtes
nicht ſelten unter der Geſtalt der Geſundheit er-
ſcheinen, ſo nimmt auch ſehr oft wahre Geſundheit des Geiſtes die Geſtalt der Krankheit an.
Viele Menſchen, in denen das Gefühl für das
Schöne ganz ruht, ſind in der That krank, wie
feſt ſie auch von ihrer Geſundheit überzeugt ſeyn
mögen; da im Gegentheile manche edle Seele,
die durch tauſend Erfahrungen zur Menſchen-
verachtung geſtimmt iſt, ſich dieſs als eine Ge-
müthskraukheit anrechnet, da es doch ein Beweiſs von wahrer Geſundheit des Herzens, Lau-

terkeit und Feinheit des moralifchen Gefühls feyn
kann *).

Sie konnten natürlich vorherfehen, dafs ich
mich mit aller Kraft dagegen ſträuben würde,
beym vollen Bewuſstfeyn geiſtiger Gefundheit
für krank erklärt zu werden, und dafs ich, fo-
bald ich mich darüber in einen Streit mit Ihnen
einliefse, zuvörderſt Ihren Begrif einer Geiſteskrankheit in Anſpruch nehmen dürfte.

Sie ſtellen alfo eine Erklärung der geiſtigen
Gefundheit auf, nach welcher Sie fich für berechtigt halten, mir diefelbe abzufprechen.

Ueber die Wahrheit diefer Erklärung kann
wohl nur *eine* Stimme feyn; hahe ich mich je
geiſtig gefund gefühlt, fo gefchah es ganz in dem
Sinne, welchen Sie ienem Begriffe unterlegen.
Aller Streit zwifchen uns, betrift demnach die

*) Dafs hier eine Menfchenverachtung gemeint iſt,
bey welcher derjenige, der fie befitzt, nichtsdefto-
weniger alle Pflichten der Gerechtigkeit und Güte
gegen feine Mitmenfchen ausübt, aus Achtung für
die Menfchheit; verſteht fich von felbſt.

Anwendung, welche Sie davon in Beziehung auf mich machen.

Im gefunden Geifte des Menfchen darf kein *wefentliches* Bedürfnifs der Menfchheit ruhen; vielmehr mufs die lebendige Wirkfamkeit aller diefer Bedürfnifse die Selbfteinigkeit des Wefens herbeyführen. Allein, welche find denn jene *wefentlichen* Bedürfnifse, und nach welchen Criterien unterfcheiden wir fie von den *zufälligen?* Gehört wirklich die Gewifsheit über Gott und Zukunft zu den *wefentlichen,* oder macht fie nicht vielleicht blos Schwäche und Unreinheit der Gefinnung zum Bedürfnifse? Hier ift der Punkt, wo wir uns trennen; mir kommt es zu, meine Stimmung gegen allen Glauben zu rechtfertigen, Ihnen, Ihre Entfcheidung gegen mich, welche vor der Hand nur ein Machtfpruch ift, durch fcharfe Gründe zu dem Charakter und der Würde eines philofophifchen Beweifes zu erheben.

Ich kenne alle Formeln durch welche die kritifchen Philofophen den fubjektiven Grund der religiöfen Ueberzeugung ausdrücken. Sie treffen fämmtlich ihrem Sinne nach, *darinn* zufammen, *der Glaube an Gott und Unfterblichkeit fey die einzig mögliche Bedingung der Einigkeit der Vernunft des Menschen mit ihr selbst in Hinsicht des Endzweckes seines Daseyns; es werde diese Vernunft in jener Hinsicht unausbleiblich in einen innern Widerstreit verwickelt, wenn sie jene Wahrheiten nicht annehme, und da Zusammenstimmung mit ihr selbst, für sie, ihrer Natur nach, nothwendig sey, so sey es ihr auch unmöglich, ihnen ihren Beyfall zu versagen.* Wie scharfsinnig indessen auch diese Behauptung von mehrern Weltweisen unsers Vaterlandes ausgeführt worden ist, so finde ich dennoch in ihren Schriften nicht sowohl kräftige Wahrheitsgründe aufgestellt, als vielmehr fromme Wünsche ausgedrückt, von denen ich gern zugebe, daß sie dem Menschen natürlich sind. Alles, was der vortrefliche *Iacob* in seiner Preisschrift für die Unsterblichkeit der Seele gesagt hat, kommt auf solche fromme Wünsche zurück, und ist zwar erbaulich, aber nicht überzeugend. — —

Gesetzt auch, es wäre wirklich der Fall, daß die Vernunft des Menschen ohne Religionsglauben sich selbst widersprechen müste, wovon ich mich vor der Hand noch nicht überzeugen kann; so wäre damit schlechterdings nichts bewiesen.

Wie

Wie folgt es, dafs ein Satz wahr feyn müffe,
weil ohne ihn die Vernunft in einen Widerftreit
verwickelt würde? Es kann immer eine Vorftellung die einzige Bedingung der Selbfteinigkeit der Vernunft feyn, ohne dafs ihr jedoch ein
Gegenftand entfpreche. Man fetzt hier etwas
voraus, was noch erft darzuthun ift, dafs nämlich
innre Harmonie für die Vernunft fchlechterdings
möglich feyn müffe. Der Leugner nimmt mit
gutem Grunde diefe Vorausfetzung in Anfpruch;
weit entfernt, fogleich an einen Gott zu glauben,
weil aufserdem ein Zwiefpalt der Vernunft un-
vermeidlich ift, fagt er: wer fteht mir dafür,
dafs meine Vernunft nicht ein fo feltfames, wider-
finniges Wefen ift; es kann ihr eben das eigen-
thümlich feyn, nach einem Endzwecke ftreben
zu müffen, den fie felbft für fchimärifch aner-
kennt, vielleicht ift es gerade ihr trauriges Loos,
uneinig mit fich felbft zu feyn. Wendet ihr ihm
ein, dafs diefs eine fehr unvernünftige Vernunft
feyn würde, fo zuckt er die Achfeln, gefteht zu,
dafs es bedaurenswürdig wäre, darum aber doch
nicht minder wahr feyn könnte.

Ich begreife nicht, wie alle kritifche Philofophen, welche die moralifchen Glaubensgründe

D

für die Religion bearbeitet haben, diefes überfe-
hen konnten. Immer kommen Sie darauf zurück,
dafs eine Welt moralifcher Wefen ohne Gott und
Zukunft etwas äufserft Ungereimtes feyn würde.
Allerdings, erwiedern ihre Gegner, wo liegt
aber die Unmöglichkeit, dafs fie nicht wirlich fo
ungereimt feyn könne, und würde es wohl, im
Fall fie diefs wäre, vernünftig feyn, ihr eine Gereimtheit anzudichten, die fie nicht hat.

*Wenn es wahr ift, fagt Iakob: dafs mein Da-
feyn auf diefe Erde eingefchränkt ift, fo ift die
Idee des höchften Gutes eine abfurde Grille, und
jede Bemühung, mich dem Genuffe deffelben zu
nähern, ift eben fo ungereimt; das Gefetz: Sey
tugendhaft, damit du glücklich werdeft, ift ein
Gefetz, das etwas Unthunliches uud etwas Unmögliches zugleich gebiethet, alfo das abfurdefte
Gefetz, das je gegeben ift. — Nehme ich hingegen an, die Seele fey unfterblich, fo gewinnt alles
eine andre Geftalt; meine Vernunft kann nun
alles zufammen reimen, und das, was mir vorher als die gröfte Ungereimtheit vorkam, löft fich
nun in die fchönfte Harmonie auf.* Wie mochte
doch diefer fcharffinnige Mann nicht bemerken,
dafs er hier durchaus vorausfetzt, was erft bewie-

fen werden foll, dafs eine folche Zweckwidrigkeit und Disharmonie nicht möglich fey, wie fie
nach ihm ftatt fünde, wenn kein Gott und die
Seele nicht unfterblich wäre. Ueberall leitet ihn
der Gedanke: moralifche Ordnung mufs nothwendig im Plane der Welt ausgeführt werden;
gegenwärtig find noch keine beftimmten Spuren
derfelben fichtbar; alfo find Gott und Unfterblichkeit nicht zu bezweifelnde Wahrheiten für den
Menfchen. Allein da der erfte Satz nur erft durch
den dritten gewifs wird, fo kann man die Gewifsheit des dritten nicht aus ihm folgern. Dafs
die Regierung der Welt nach einem moralifchen
Plane unausbleiblich realifirt werden müffe, ift
nur unter der Bedingung des Dafeyns Gottes
wahr; ich kann alfo wohl fchliefsen: es ift ein
Gott, alfo ift moralifche Ordnung keine Schimäre; aber keinesweges: moralifche Ordnung mufs
exiftiren; in der wirklichen Welt ift keine moralifche Ordnung fichtbar; alfo ift ein Gott, der
fie in Zukunft realifiren wird.

Wer behaupten wollte, eine Welt ohne moralifche Ordnung fey nicht gedenkbar, würde
eine unzählige Menge von Beyfpielen folcher
Menfchen leugnen müffen, die die Welt wirklich

für einen Schauplatz der Zwecklofigkeit und
Disharmonie gehalten haben, und unter denen
fich von jeher Köpfe befanden, die man an Scharffinn den treflichften Vertheidigern der natürlichen
Religion an die Seite fetzen kann. Haben nicht
Viele es fogar als einen Troftgrund gegen die
Schrecken der Vernichtung angeführt, dafs in
einer planlofen Welt, wie diefe, Nichtfeyn wün-
fchenswerther fey, als Dafeyn? — —

Doch ich verliere mich zu weit von dem Ziele, welches ich eigentlich verfolgen will; diefs
ift, zu zeigen, dafs die Vernunft des Menfchen
fich keinesweges widerfpricht, wenn fie dem
Glauben an die Religionswahrheiten ihren Beyfall
verweigert, fie möge diefes nun fkeptifch oder
dogmatifch thun.

Die Vernunft, fagt man: würde fich damit
infofern widerfprechen, als fie das Hinftreben auf
einen Endzweck geböthe, von dem fie doch felbft
zugleich erklärte, dafs er nie realifirt werden
könne, oder dafs fie doch wenigftens die einft-
malige Realifirung deffelben nicht verbürgen
könne.

Ich glaube mit der 'fittlichen Vernunft nicht
unvertraut zu feyn; allein, wie achtfam ich auch
jederzeit auf ihre Gebote war, fo habe ich doch
nie gefunden, dafs fie fich mit ihren Geboten,
auf einen durch unfern Willen aufser uns im
Univerfum zu realifirenden Endzweck beziehe.
Vor dem Blicke der gefetzgebenden Vernunft verfchwindet alles, was aufser ihr ift, verfchwindet
die Erde und das ganze Weltall; jener Blick ift
immer in fie felbft gekehrt, und wacht lediglich
darüber, dafs in ihrem Innren Selbftgleichheit
und Harmonie herrfche. Ich erkenne ihr Gefetz
.als gültig an, nicht als ob dadurch etwas zur
regelmäfsigen Leitung der Weltbegebenheiten
aufser mir beygetragen werden folle, es gilt mir
nur für die Richtfchnur aller meiner ächt-menfch-
lichen Gefinnung und Handlungsweife; in mir
felbft, im Verhältnifse meiner Vernunft und meines Willens, *da* foll Gefetzmäfsigkeit feyn, möge fie fich nun auch immer aufser mir nicht überall oder wohl gar nirgends finden. Und eben
darauf beruht meine Würde, dafs ich allein im
Umkreife der ganzen Schöpfung mir diefe Gefetzmäfsigkeit, ihrer felbftwegen, zum höchften
Zwecke machen kann. Stünde ich in der Mitte
chaotifcher Maffen, die keines Plans und keiner

Ordnung empfänglich wären, wäre allein *in mir*
Gefetz und nur *für mich* Gefetz da, ich würde
darum nicht den leifeften Zweifel gegen die Gül-
tigkeit meines Gefetzes faffen, und ungeftöhrt
darauf hinarbeiten, in mir felbft harmonifch zu
feyn.

Oft würde mich wohl mein dichtender Geift
zu intereffanten Schwärmereyen fortreifsen, ich
würde mir Plane und Riffe bilden, nach denen
die wilde Unordnung diefes Chaos in Harmonie
verwandelt werden könnte, würde mich vielleicht felbft in die Rolle eines Schöpfers träumen,
durch deffen Weifsheit und Allgewalt fich jegliche
Kraft unter die Gefetze der Vollkommenheit fü-
gen müfste. Wenn ich denn nun aber von diefen Phantafien zu mir zurückkäme, und die ernfte
unbeftechliche Wahrheit mir zuriefe, dafs Chaos
ewig Chaos bleibt, würde ich bey der innigften
Ueberzeugung von der Nichtigkeit jener Schwärmereyen, doch mit nicht minderer Demuth und
Ehrfurcht als vorher, vor der gefetzgebenden
Macht meiner Vernunft niederfallen. — Und, —
laffen Sie mich meine Paroxifmen bis zu dem
Grade treiben, der ihnen wahrfcheinlich das Delirium zu feyn fcheint; — widerfpricht fich nicht

der Menſch offenbar, wenn er Gott und Unſterblichkeit annimmt, weil er glaubt, er müſſe ſich
aufserdem im Bewuſstſeyn ſeiner Pflicht wider-
ſprechen? — Mir iſt dieſs ſo helle und ver-
traute Wahrheit, daſs ich für die Verblendung
keinen Sinn habe, die zu einem ſolchen Wahne
veranlaſſen kann.

Tugend und Glückſeligkeit in Harmonie,
ſagt ihr, iſt der höcbſte Zweck vernünf-
tig-endlich-freyer Weſen, in ſeiner Vollſtän-
digkeit ausgedrückt. Ich gebe zu, es iſt das
Ideal einer ſchönen Erde und eines befriedigen-
den Menſchenlebens; ein Ideal, welches ſich, ſo
lange es blos Ideal bleibt, mit der Reinheit der
Geſinnung vollkommen verträgt. Allein *Zweck*
für meine ſittliche Vernunft und meinen Willen
kann und darf es nicht ſeyn. Denn wie künſt-
lich ich auch Tugend und Glückſeligkeit in *einem*
Zwecke vereinige, und das Zurückſtofsende in
der Vereinigung verberge, ſo wird doch in jedem
Falle die Tugend ſogleich verunreinigt, wenn ich
ſie, in was auch für eine Beziehung gegen Glückſeligkeit bringe. Oder ſagt euer Meiſter nicht
ſelbſt an irgend einem Orte ſeiner Kritik der
praktiſchen Vernunft: *„die Ehrwürdigkeit der*

„*Pflicht hat nichts mit Lebensgenuſs zu ſchaffen,*
„*ſie hat ihr eigenthümliches Geſetz, auch ihr ei-*
„*genthümliches Gericht, und, wenn man auch*
„*beyde noch ſo ſehr zuſammenſchütteln wollte, um*
„*ſie vermiſcht, gleichſam als Arzneymittel,*
„*der kranken Seele zuzureichen, ſo ſcheiden ſie*
„*ſich doch alſobald von ſelbſt, und thun ſie es nicht,*
„*ſo wirkt das erſte gar nicht; wenn aber auch*
„*das phyſiſche Leben hierbey eine Kraft gewönne,*
„*ſo würde doch das moraliſche ohne Rettung da-*
„*hin ſchwinden.*" Dieſe Worte waren mir jederzeit wichtig; hier ſpricht er ſich ſelbſt das Urtheil, hier ſtraft ſeine Moral ſeine Religion Lü-
gen. Es iſt mir unmöglich, ihn ſchärfer zu widerlegen, als er es hier ſelbſt thut.

Und, wenn ich nun vollends die ſeltſame
Coalition, die der Begriff jenes Endzweckes ausdrückt, auch über die Grenzen dieſes Lebens
hinaus, und auf eine andre Welt ausdehne, was
mag ich da wohl unter *Glückſeligkeit* denken!
Glückſeligkeit iſt das Maximum angenehmer Gefühle, und bezieht ſich alſo ganz auf den Körper,
der den Menſchen mit dem Planeten verknüpft,
auf welchem er hervorkeimt, wächſt, blüht und
verwelkt. Glückſeligkeit dieſes Weſens in einer

andern Welt scheint mir ein sich selbst aufheben-
der Gedanke zu seyn, gerade so, als wenn ich
mir einen himmelblauen oder purpurrothen Geist
denken wollte. Ist aber Glückseligkeit, bezogen
auf eine andre Welt, ein Wort ohne Sinn, ein
Nichts, was können wohl alle die Meynungen
für Werth haben, denen man sich hingiebt, um
sich eine Harmonie der Tugend mit diesem Nichts
in der Unendlichkeit der Zukunft als möglich zu
denken? Sagt man zu viel, wenn man sagt, sie
seyen widersinnig, wie der ganze Zweck, und
die menschliche Vernunft widerspreche sich mit
ihnen eben so gewiss, als mit jenem Zwecke?

Und aus was für Vorstellungen bestehn diese
Meynungen! Ist nicht die ganze Religion ein
Gewebe von Gedanken, die gar keine Gedanken sind, ein Wirrwarr von Vorstellungen, die
nichts darstellen, ja, die sich sogar auf nichts beziehn? Euer Kant will uns der Sinnenwelt mit
seinem Glauben entrücken; aber so wie wir ihm
folgen, gerathen wir auch in einen luftleeren
Raum, wo wir nicht mehr athmen können, wo
unser Ich keine Beziehung findet, ja wo unser Ich
im blinden Wirbel eines gedankenlosen Schwin-
dels hinstirbt. Die Vorstellung einer unendlichen

Fortdauer ift die Brücke, die zum Allerheiligften hinführen foll; aber, was für eine Brücke! — *Eine unendliche Fortdauer ohne Zeit!* — O! es ift nur ein Phantom von Brücke, welches eine träumende Einbildungskraft uns vorlügt; wir nähern uns, es verfchwindet, und der Abgrund der Vernichtung liegt vor uns.

Und fo ifts mit allen Vorftellungen, die das Gebäude eurer Religion zufammenhalten, felbft eure Idee eines Gottes ift eine leere Idee, eine Idee, die Alles ankündigt, und nichts enthält. Widerfpreche ich mir alfo wohl, wenn ich die Dinge anfehe, wie fie find, in nichts nichts finde, und mit fchuldlofer Refignation in dem Ziele meines Lebens, auch das Ziel aller meiner Hofnungen fehe? Nein, bey diefer Vernuhft, die fich felbft, und die Finfternifs erleuchtet, fo will es das Gefetz der Selbfteinigkeit, welches mir gewifs nicht minder heilig ift, als Euch.

Doch genug für diefesmal. Vielleicht finden Sie des Frevels fchon in diefem Briefe zu viel.

Ich bin u. f. w.

Wie Sie auch meinen letzten Brief aufgenom-
men haben, so bin ich der Ehre meines Syftems
eine Nachfchrift fchuldig, um einer Frage zuvor-
zukommen, die mich felbft oft in der Mitte meines
Atheifm überrafcht hat.

Wenn wirklich die von mir Ihnen eröfneten
Behauptungen die volle Ueberzeugung in der Seele jedes ftarken und freyen Denkers bewirken
müffen, mit welcher ich ihnen, und, wenn nicht
meine ganze Natur fich umwandelt, hoffentlich für
immer anhänge, fo bleibt die intereffante Frage
übrig: *woher der Schein entftehe, als ob religiöfe
Ueberzeugung ein wefentliehes Bedürfnifs für den
Menfchen fey, und warum die meiften wirklich
ohne Religion keiner innren Ruhe und keiner
Selbfteinigkeit geniefsen.*

Schon Buddeus fagte: es gebe mehr Menfchen, die im Glauben zu weit giengen, und fich
wohl gar in den Abwegen eines *falfchen Glaubens* verirrten, als folche, die überhaupt eine
Gottheit leugneten °). Und ich bin um fo bereitwilliger, ihm hierinn beyzuftimmen, da mir
aller Glaube Aberglaube, Religion und Superfti-
tion Eines ift.

Der *finnliche* Menfch bedarf der Religion,
wenn er *zu finnlich* ift, der *fittliche*, wenn er
nicht genug fittlich gut ift.

Der Menfch, als ein finnliches Wefen, befitzt
ein nothwendiges Verlangen, fein Dafeyn unter
angenehmen Gefühlen fortzufetzen. Bleibt diefes Verlangen innerhalb feiner natürlichen Grenzen, fo reicht es nicht über das Leben auf diefer
Erde nach feiner durch die Natur beftimmten

°) Plerisque mortalium contingit, ut alterum extre-
mum, quod impietatis eft, declinaturi, in alterum,
quod fuperftitionis eft, incidant. Certe longe plu-
res fuperftitionis morbo laborare, quam atheismi,
negari nequit; a quo et interdum eo difficilius libe-
rari poffunt, quo fpeciofior eft religionis, qno fu-
perftitio haud raro tegitur, titulus. *Buddeus in the-
fib. theol. de atheifmo et fuperftit. in Praef.*

Dauer hinaus, und nimmt mit der Abnahme der
Lebenskräfte zugleich ab. Es ift eine Verblendung, wenn wir glauben, der Tod, nach dem
Laufe der Natur, fey dem Menfchen fürchterlich.
Er ift es nur dem entarteten Menfchen, da im
Gegentheile der, welcher der Natur treu blieb,
ihm in feinen fpätern Iahren mit Ruhe, oder wohl
gar mit Verlangen entgegen fieht. Das Schreck-
liche des Todes für uns fliefst aus jener Quelle,
aus der fo mannigfaltige Leiden der Menfchheit
entfpringen, ich meyne aus der falfchen und
übertriebenen Verfeinerung, die die Folge der
gefellfchaftlichen Cultur ift. Sie vervielfältigt
unfre an fich fo einfachen Bedürfhifse, macht uns
mit Vergnügungen bekannt, für welche der Na-
turmenfch gar keinen Sinn hat, facht in uns Lei-
denfchaften und Begierden an, die mit den Noth-
wendigkeiten unfers Dafeyns in keinem Zufam-
menhange ftehen, und kettet uns fo mit taufend
Feffeln an ein Leben, von deffen Werthe wir
aufserdem wenigftens keine übertriebene Vorftellung haben würden.

Ich leugne es nicht, eine grenzenlofe Werth-
fchätzung des Lebens, wie fie jetzt fo allgemein
Statt findet, fcheint mir nicht zur Ehre der

Menfchheit zu gereichen, und ich denke mit tiefer Schaam an jene Kinderjahre zurück, wo das Leben der Gegenftand meiner feurigften Wünfche war, und ich nichts entfetzlicheres kannte, als den Tod. Zeitig genug entwand ich mich diefer Illufion, und lernte Leben und Tod aus dem richtigen Geſichtspunkte betrachten. O gewifs zur wahren Gröfse des Menfchen gehört eine gewiffe Stimmung zur Gleichgültigkeit gegen das Leben; find wir diefer nicht fähig, fo können unfre Charaktere auf keine Erhabenheit Anfpruch machen. Das Vernunftlofe Thier hängt fklavifch am Leben, der Menfch ift über dem Leben, und foll durch keinen Inftinkt an die Erde gefeffelt werden; er foll fich erheben in feiner Freyheit und das edelfte aller Gefühle mit fich tragen, dafs er das Leben auch als Kleinigkeit anfehn, oder wohl gar als eine unnütze Laft von fich abwerfen kann *). Aber diefs Gefühl ift unfern nervenlofen Zeitgenoffen eine Thorheit;

*) Dafs ich damit nicht eine herrfchende Verachtung des Lebens von dem Menfchen fordre, und in Ausfprüche einftimme, wie die bekannten: optimum non nafci aut quam citiffime aboleri: vitam nemo acciperet, fi daretur fcientibus u. dergl. habe ich nicht nöthig zu bemerken.

wer es hat, verberge es, *oder er läuft Gefahr,
zu den Verrückten verwiesen zu werden.*

In dem Maaſse, wie in entarteten ſinnlichen
Menſchen die Begier zu leben, über ihre natürlichen Grenzeu hinausgeht, wird auch Unſterblichkeit immer mehr und mehr zu einem dringenden
Bedürfniſſe. So wie jeder Trieb, ſo bald er zur
Unnatürlichkeit herabgeſunken iſt, kein Maas und
keine Schranken mehr kennt, ſo ſchweift auch
unſer natürliches Verlangen zu leben, wenn es
einmal eine falſche Richtung genommen hat, in
Leidenſchaft für ein ewiges Leben aus. Und
welche tolle Leidenſchaft iſt diefs! Wenn irgend
eine ſich nicht ſelbſt verſteht, und ſtockblind iſt,
ſo iſt es dieſe. Sie hat gar keinen Gegenſtand,
ſie ſtrebt nach einem Nichts.

Ewige Dauer, in welchen Verhältniſſen es
auch ſey, — ſchaudern Sie nicht, mein Theurer!
ich habe keinen Sinn dafür. — *Ewige* Dauer!
— Mir ſchwindelt, wenn ich den Gedanken er-
faſſen will, oder, wenn ich ihn beſiege, und feſt-
halte, ſo ſterbe ich vor Langweile. — Nein;
ich bin nicht entartet; ein treues Kind der Natur,
ergebe ich mich mit ruhigem Sinne in das unver-

änderliche Loos meiner Endlichkeit, verlange nur *ein* Leben, und so gewifs ich nur *eines* verlange, verlange ich auch einen Grenzpunkt, wo das unbegreifliche *etwas* meines Wesens das *nichts* wiederfindet, aus dem es zum Seyn übergieng. *Ich will untergehn*, so lautet das Poftulat meiner Vernunft, *untergehn nach dem Laufe und der Ordnung der Natur*. Freylich *klingt* diefes Poftulat nicht fo erhaben, als eure Forderung der Unfterblichkeit; aber, wenn mich nicht Alles trügt, fo *ist* es erhaben, und die freye Einwilligung in das Loos der Vernichtung ift das Maximum der Stärke einer menfchlichen Seele.

Ein folcher Geift würde uns überall begleiten, wenn wir im liebenswürdigen Zuftande der einfachen Natur lebten. Da würden wir heiter nach dem Aufgange des Lebens rückwärts, uud eben fo heiter vorwärts nach dem Untergange des Lebens fehen; der Gedanke: bald nicht mehr zu feyn, würde uns eben fo wenig beunruhigen, als der Gedanke, dafs wir vor unferm Entftehen nicht waren. Aber wir haben keinen Sinn für diefe weife Einfalt menfchlicher Gefinnung, wir verfchrobnen Wefen, wir Wefen, die keine Wefen mehr find.

Der

Der *entartete* finnliche Menfch, deffen Begier
zu leben zur Ausfchweifung ward, fucht einen
Gott, und weifs damit nicht, was er fucht. Der
finnliche Menfch, *deffen Triebe durch Naturein-*
falt in Ordnung gehalten werden, bedarf eines
Gottes eben fo wenig, als eines ewigen Lebens.

Doch ich gehe nun zum fittlichen Menfchen
über, von dem ich zu behaupten wage, dafs er
der Religion bedarf, wenn er nicht genug fittlich
gut ift.

„Entwickelt eure fittliche Vernunft, rufen
die kritifchen Philofophen den Menfchen zu; und
zu je höhern Stufen moralifcher Vollkommenheit
ihr euch erhebt, um fo dringendere Nothwendigkeit wird es euch werden, Gott und Unfterblichkeit zu glauben.“ Ia ihr unfterblicher Lehrer
fcheint fich einen wahrhaft guten Menfchen ohne
Religion nicht einmahl denken zu können *).

*) *Iakob* fagt in irgend einer Stelle feiner Schrift über
die Unfterblichkeit der Seele: „*der Glaube eines*
Menfchen an Gott und Unfterblichkeit müfste gerade
fo grofs und ftark feyn, als der Glaube deffelben
an feine Pflicht.“ Vor ihm hatte Kant, vielleicht
mit gutem Bedacht, in feiner Kritik d. r. V. gefagt:
„*Sorget ihr nicht, dafs ihr vorher wenigftens auf*

Mich führt mein Bewufstseyn zu einem andern Resultate und meine Vernunft kündigt mir
ein erhabneres Ziel an, zu welchem sittliche
Ausbildung den Menschen führen muß, ich meyne jene Selbststständigkeit im Guten, jenen He-
roismus einer reinen und sich auf ihre eigne Kraft
stützenden Tugend, bey welchem man keines
Religionsglaubens bedarf und alle Meynungen
über Gott und Unsterblichkeit als leidige Behelfe
schwacher und unmündiger Menschen ausschlägt.

Der fromme, aber von vielen Seiten sehr be-
schränkte Paskal konnte sagen: *rien ne découvre
davantage une etrange foiblesse d'esprit que de ne
pas connoitre, quel est le malheur d'un homme
sans dieu.* Bezöge er diesen Ausspruch blos auf
die zahllose Menge gemeiner Menschen, ohne be-
sondre sittliche Cultur, so könnte er nichts wah-
reres behauptet haben.

Allein sollte es auch vom Gemüthszustande
eines Menschen von reiner und starker Tugend

---

*dem halben Wege, gute Menschen macht, so werdet
ihr auch niemals aus ihnen aufrichtig gläubige
Menschen machen".* Die Worte: *auf dem halben
Wege gut* scheinen mir unverbesserlich gewählt zu
seyn.

gelten, der ſich im Bewuſtſeyn derſelben ſelbſt
genügt, ſo dürfte kein Denker einſtimmen, der
nur irgend für die Geiſtesfaſſung eines ſo edeln
Weſens Sinn hat.

Der Tugendhafte ohne Gott, ein reines, ſtar-
kes Herz ohne Hoffnung und Ausſicht, ein Herz,
welches die Menſchheit ſeiner Zeit und die Menſchheit aller kommenden Generationen mit Liebe
umfaſt, zu jedem Opfer bereit iſt, ohne einen
Erſatz auch nur zu wünſchen; — kann unſre
Vernunft im Bunde mit der feurigſten Einbildungskraft ein edleres Ideal bilden? Nein es iſt der
erhabenſte Gedanke, den wir zu erreichen fähig
ſind; ſelbſt eine ſchaffende Allmacht würde nicht
über ihn hinaus können. — Wie unendlich
weit ſteht *der Tugendhafte mit Gott* gegen den
Tugendhaften ohne Gott zurück! — Iener iſt bey
jeder Verzichtleiſtung für ſeine Pflicht, geſichert;
der Erſatz iſt ihm unausbleiblich; für dieſen iſt
bey allen ſeinen Opfern nur das gewiſs, daſs er
aufgeopfert und *für immer* aufgeopfert hat.
Scheint *der Tugendhafte mit Gott* bey ſeinen
Handlungen an die Vergeltungen der Zukunft
nicht zu denken; es iſt eine leidige Ziererey; er
kann ſie gut für einen Augenblick vergeſſen, denn

fie entgehn ihm nicht. Im Grunde vergifst er fie
aber auch nicht einmal, es ift pfychologifch unmöglich, die Vorftellung davon fchwebt ihm jederzeit, wenn auch oft nur dunkel vor und hat
unausbleiblichen Einflufs auf feinen Willen.

Die höchfte Reinheit der Gefinnung ift nur
für den Gottesleugner möglich, und nur über die
Trümmer der Religion geht man ficher jenem
Ideale entgegen, *fie* mufs vernichtet werden, damit nicht alle moralifche Güte ein blofser Traum
fey.

Keiner Philofophie kommt es weniger zu,
gegen diefen Atheifmus aufzuftehn, als der euri-
gen; denn er ift ihr einziges ächtes Kind. Gottesleugnung ift die alleinige Bedingung der Selbfteinigkeit des Menfchen im Bewufstfeyn der
Würde feiner fittlichen Natur, während aller
Glaube an die Religionswahrheiten die Gefinnung
verunreinigt, und die Vernunft in einen innern
Zwiefpalt verfetzt. Ia gefetzt auch es wäre ein
Gott, fo müfste er fich den moralifchen Wefen
verbergen, müfste, wenn nicht die ganze Beftimmung derfelben verlohren gehen follte, mit
den Prinzipien der Sittlichkeit zugleich auch die
Prinzipien des Atheifmus gründen.

Ietzt wiſſen Sie nun, welch ein Geiſt meinen
Atheiſmus beſeelt. Und wenn Sie, wie ich überzeugt bin, ihn weder unter die unreinen noch
unter die ſchwachen Geiſter zählen können, ſo
erzeigen Sie ihm die Ehre, die Kraft des Geiſtes Ihrer Religion gegen ihn zu verſuchen. Sollte er unter ihren Waffen fallen, ſo werde ich mich
dennoch nie ſchämen, in ihm einen Vertrauten
meines Herzens gehabt zu haben.

Ich bin u. ſ. w.

M. ** an R. ***

Hatte mich fchon der erfte Brief, mit dem Sie
mich beehrten, mit einer befondern Hochachtung
für Sie erfüllt, fo mufste fie durch die Lefung der
beyden letztern, welche Sie darauf folgen liefsen,
um fo höher fteigen, da ein jeder neue Blick,
den Sie mir in ihr Syftem zu thun vergönnen,
zugleich ein Blick in eines der edelften und gröfsten Herzen ift, die ich je gefunden habe. Wie
klein erfcheinen, zufammengehalten mit Ihrem
kräftigen Ideengange, die Philofopheme beynahe
aller Atheiften vor Ihnen, und wenn irgend fich
wahre Erhabenheit mit der Gottesleugnung vereinbaren läfst, fo ift diefe Vereinbarung in ihrem
Syfteme auf eine bewundernswürdige Weife ge-
troffen.

Sie find zu vertraut mit der neueften Philofophie, um Gründe des Atheifm aus den Mitteln

der theoretifchen Vernunft zu erborgen; Sie grei-
fen alfo geradezu das Herz der Religionslehre
jener Philofophie an, und ihre Angriffe find, ich
geftehe es, um fo furchtbarer, da Sie die Kraft
zu demfelben aus einem Herzen nehmen, vor
deffen Reinheit und Stärke fich Ieder, auch bey
der gröfsten Entfchiedenheit gegen Ihre Meinung,
beugen mufs. Und fo fchauderhaft auch das Ziel
ift, bey welchem Ihre Vernunft ftehn bleibt, fo
entfetzlich der Gedanke die Menfchheit empört,
dafs Religion allen Adel der Seelen vernichte,
und ein Gott, wenn einer ift, den Atheifm felbft
wollen müffe, fo kann man dennoch der kühnen
Feftigkeit, mit der Sie fich auf diefem Punkte
halten, und einen Himmel von Hoffnungen auf-
geben, der Millionen Menfchen beraufcht, den
Tribut feiner Bewunderung nicht verfagen.

Ihr erfter Brief war zu fehr ein blofses Ge-
mählde Ihres Seelenzuftandes, als dafs ich mich
in meiner Antwort hätte auf die Beleuchtung
feiner einzelnen Theile einlaffen können. Die
beyden folgenden machen mich mit den Gründen
Ihrer Entfchiedenheit gegen die Religion bekannt.
Und da Sie mir die Erlaubnifs geben, mich meinen religiöfen Grundfätzen nach, mit Ihnen

zu meſſen, ſo glaube ich, daſs ich es ſowohl Ihnen, als mir, und der Sache, die ich führe, ſchuldig bin, Alles zu erwiedern, was nach der innigen Ueberzeugung, welche ich hege, und an
welcher mein Kopf und mein Herz gleichen An-
theil nehmen, erwiedert werden kann.

Die Hauptpunkte, auf welche ſich Ihr Atheiſm
ſtützt, um an dem Gebäude der Kantiſchen Religionslehre ſeine Kraft zu verſuchen, ſind fol-
gende:

1) Der Schluſs, es ſey ein Gott, eine *allgemei-*
ne ſittliche Ordnung, eine ihr entſprechende
Zukunft und Beſtimmung des Menſchen,
weil nur unter der Annahme dieſer Wahrheiten Einigkeit des vernünftigen Menſchen
mit ihm ſelbſt möglich iſt, ſey ein trügeri-
ſcher Schluſs.

2) Der vernünftige Menſch widerſpreche ſich
nicht, wenn er ſeine ſittlichen Pflichten an-
erkennt, dem Bewuſstſeyn derſelben in Geſinnung und Handlung folgt, und zugleich
die Religionswahrheiten leugnet.

3) Vielmehr werde der vernünftige Menſch in ſich ſelbſt entzweyt, wenn er den Zweck der Beglückſeligung an das Gebot der Sittlichkeit anſchlieſst, ſich Tugend und Glückſeligkeit als ſeinen vollſtändigen Endzweck, und durch den Glauben eines Gottes ſeine Sittlichkeit ſtützen zu müſſen glaubt.

4) Das Poſtulat der ſittlichen Vernunft für die Reinheit der Geſinnung, und Feſthaltung der Würde der Menſchheit gehe auf Nichtſeyn einer allgemeinen ſittlichen Ordnung im Univerſum, Nichtſeyn eines Gottes, Nichtſeyn einer Zukunft für die vernünftigen Weſen; wolle man ſich Gott, als ſittlichen Geſetzgeber denken, ſo müſſe man ihm auch den Willen zueignen, daſs die von ihm geſchaffnen ſittlichen Weſen ſein Daſeyn und die damit zuſammenhängenden Vorſtellungen leugnen. Atheiſm der Menſchen müſſe im Plane einer Gottheit liegen, wenn es eine giebt.

So find Sie mit Ihrem Atheiſm das gerade Widerſpiel der Kantiſchen Religionstheorie. Sie gehen zwar mit ihm vom Gedanken der Sittlich-

keit und der Pflicht aus, und scheinen ihn mit der
größten Reinheit und Bestimmtheit zu fassen. Allein wenn jener Weltweise Glauben als nothwendige Bedingung der Selbsteinigkeit des Menschen
fordert, verwerfen sie ihn als ein Gift, welches
das Leben der Sittlichkeit tödet, und stellen den
Unglauben als den einzigen würdigen Gefährten
reiner Tugend auf. Weiter als Sie, trieb nie
ein Atheist seinen Frevel; die entschiedensten
Leugner und Zweifler vor Ihnen, gestanden doch
wenigstens *das* zu, daß die Religion für die
Menschheit das edelste Gut sey; wenn auch kein
Gott wäre, sagte mancher: so müßte man sein
Daseyn doch erdichten; in *Ihren* Augen wird Religion zur Schande der Menschheit. Der Adel
ihrer Gründe adelt indessen auch Ihren Frevel ge-
wissermaßen, und, wenn Ihre Ueberzeugung
wahr und ungeheuchelt ist, so können Sie ruhig
vor Gottes Gericht treten; denn Ihre Gesinnung
besteht auch vor seiner Heiligkeit.

So wenig ich indessen die Stärke und das
Grosse Ihres Atheism verkenne, so gebe ich denn
doch meine Behauptung nicht auf, daß er Folge
einer geistigen Krankheit ist. Und es würde
mich unendlich freuen, einen Mann zur Selbster-

kenntniſs zu bringen, der Gott und Unſterblichkeit nur deſshalb leugnet, weil er ſein edles Herz
miſsverſteht. —

Ich wundre mich, daſs Ihr Scharfſinn jenem
von Mehrern ſchon gemachten Einwurfe Eingang
verſtatten konnte, *als ſey es ein Trugſchluſs,
Vorſtellungen müſsten wahr ſeyn, wenn ohne ſie
unſre Vernunft in Hinſicht auf Pflicht und ſittliche Beſtimmung nicht mit ſich ſelbſt übereinſtim-
men könne.* Wie iſt es möglich, daſs ein Denker,
wie Sie, das Fundament aller Religion nach Kant,
ſo ganz verkennt, und dem groſsen Manne einen
Unſinn zutraut, zu deſſen Vermeidung in der
That nur gemeiner Menſchenverſtand gehört!
Der Mann, der alle Tiefen des menſchlichen
Geiſtes ermaſs, ſollte ſo kindiſch ſyllogiſirt haben! —

Der Schluſs würde abſurd ausfallen, er möchte, auf welche Weiſe es ſey, gefaſst werden.
Er würde ungefähr ſo lauten:

*Allen Vorſtellungen, ohne welche die
menſchliche Vernunft in Hinſicht ihrer Beſtimmung nicht einig mit ihr ſelbſt ſeyn kann,
müſſen Gegenſtände entſprechen:*

Die Vorstellungen von Gott und Zukunft sind solche Vorstellungen;

Es müssen ihnen also Gegenstände entsprechen; es muß ein Gott seyn, und die sittlichen Wesen müssen in eine ewige Zukunft übergehen.

Oder, wenn wir ihn in apagogischer Form faſsten:

Es ist ein Gott u. ſ. w.

Denn man setze, es sei keiner, so müſste die menschliche Vernunft im Bewuſstseyn des Sittengesetzes und des dadurch bestimmten sittlichen Endzwecks ihr selbst widersprechen;

Dieſs ist unmöglich;

Also — — —

Allein wo wäre denn die Stelle, in der Kant eine solche Demonstration gewagt hätte! Sie können sich nur auf die schiefen Darstellungen

feiner Religionslehre von manchen feiner Schüler
berufen, die es im Grunde nicht einmal fo gemeint haben mögen, als man es nach der Einkleidung ihres Ideengangs zu glauben verfucht
wird.

Der Glaubensgrund der fittlichen Vernunft ift
kein Syllogifin, er verliert vielmehr feine Natur
und Kraft, wenn man ihn in diefer Form auffstellt.
Wie könnte er auch ein Schlufs feyn, da die Bá-
fis von ihm die Gewifsheit ift, dafs sich für die
Sätze, auf welche er sich bezieht, gar keine Beweife führen laffen. Der Glaube bedarf eines
Bodens, auf welchem Erkenntnifs und Einficht
unmöglich ift; wie könnte er auf Schlüffen ruhen, in denen Erkenntnifs und Einficht sich mit
der ftrengften Bündigkeit concentriren müffen.

Sie fagen, nach dem Gefichtspunkte, den Sie
faffen, fehr richtig, *es folge nicht, dafs ein Satz
wahr feyn müffe, weil ohne ihn die Vernunft des
Menfchen in einen Widerftreit verwickelt würde,
es könne immer eine Vorftellung die einzige Bedingung der Selbfteinigkeit der Vernunft feyn,
ohne dafs ihr jedoch ein Gegenftand entfpreche,
innre Harmonie der Vernunft brauche gar nicht*

möglich zu seyn, vielmehr könne sie das traurige Loos treffen, uneinig mit ihr selbst seyn zu müssen. (S. 38. S. 39.) Zwischen dem Bedürfnisse der Vernunft, einig mit ihr selbst zu seyn, und dem Daseyn eines Gegenstandes außer derselben ist kein Zusammenhang; die Nothwendigkeit der Vernunft, mit ihr selbst zusammenzustimmen, ist kein Erkenntnissgrund der Wirklichkeit von irgend etwas von ihr verschiedenen. Eben so wenig folgt aus dem *Bedürfnisse* der Vernunft, mit ihr selbst zusammenzustimmen, die *Möglichkeit* einer innern Harmonie für dieselbe, man kann von jenem auf diese nur einen trügerischen Schluss ziehen.

Wenn man die Glaubensgründe für die Wahrheiten der Religion als Demonstrationen ansieht, und als solche beurtheilt, so erscheinen sie durchaus als ein Gewebe von Sophistereyen, welche gar nicht einmal Widerlegung verdienen. Weit entfernt, dass sie dann Ueberzeugung in menschlichen Gemüthern bewirken könnten, erregen sie vielmehr nicht bloss Zweifel, sondern sogar Verachtung des Glaubens. Alle Spöttereyen, welche sich so manche denkende Köpfe unsers Zeitalters gegen die Kantische Religionslehre erlau-

ben, beruhen auf dem groben Mifsgriffe, einen
Glaubensgrund mit einer Demonftration zu verwechfeln. Man wird, wenn man hier den richtigen Geſichtspunkt verfolgt, unausbleiblich verfucht, einen frommen Betrug des Demonftrators
zu ahnden, und ihn in Verdacht zu nehmen, als
erfchleiche er eine Wahrheit, die eines redlichen
Beweiſes gar nicht fähig fey.

Der *Glaube* ift ein *Fürwahrhalten*, ein Gefühl
durch keinen Zweifel eingefchränkter Zuverſicht
auf einen Satz, ohne deffen Annahme der Menfch
im Bewuſstfeyn feiner moralifchen Verpflichtung
und des Endzwecks feiner Natur mit fich felbft
in Widerfpruch gerathen müfste. Er ift alfo ein
Gemüthszuftand, welcher das zweifelfreye Be-
harren im Bewuſstfeyn und der Anerkennung
des moralifchen Gefetzes vermittelt.

Diefer Gemüthszuftand kann eben fo wenig
hervorgebracht werden durch Erkenntnifse der
Aufsenwelt, als durch einen Entfchlufs, oder einen Wunfch des Menfchen; er erfolgt aber dann
unausbleiblich, wenn es für einen Menfchen,
nach dem Grade feiner Cultur unmöglich ift, mit
fich felbft in Hinficht auf Pflicht und Beftimmung

im Widerfpruche zu ftehen, dann erfolgt er,
auch wenn der Menfch diejenige Einrichtung feiner Natur nicht deutlich kennen follte, welche
den Glauben für ihn nothwendig macht.

; Ein Glaubensgrund kann diefem nach nichts
anders feyn, als ein aus der unveränderlichen
Natur des Menfchen als eines moralifchen Wefens geführter Beweifs, dafs ein gewiffer übrigens
gar nicht zu erweifender, aber auch nicht zu wi-
derlegender, alfo blofs gedenkbarer Satz die einzige durch nichts zu erfetzende Bedingung fey,
mit fich felbft über feine moralifche Verpflichtung
und Beftimmung einig zu feyn.

Indem die Philofophie einen folchen Glaubensgrund aufftellt, *erweifst* fie nicht etwa den
Gegenftand des Glaubens, und feine Wirklichkeit; fie ftützt fich vielmehr auf die entfchiedene
Unmöglichkeit, überhaupt etwas, was es auch
fey, von ihm zu beweifen, vernichtet, um mit
Kant zu reden, das (falfche) *Wiffen*, um Boden
für den *Glauben* zu bekommen *). Allerdings
aber

*) Ich kann *Gott*, *Freyheit* und *Unfterblichkeit* zum
Behuf des nothwendigen praktifchen Gebrauchs
meiner Vernunft nicht einmal *annehmen*, wenn ich

aber *beweist* fie die Nothwendigkeit des *Glaubens*
felbft für das vernünftige Wefen. Diefs thut *fie,*
indem fie die Bedingungen in der Natur des Menfchen angiebt, von denen der Erfolg diefes Für-
wahrhaltens abhängt, diefe Bedingungen find
Thatfachen, und die Philofophie thut im Grunde
bey jenem Beweife nichts weiter, als dafs fie
den Menfchen von einer gewiffen Seite befchreibt,
dafs fie einen wefentlichen Charakterzug deffelben fchildert.

Wenden Sie diefe kleine Theorie auf Das Dafeyn Gottes und die Unfterblichkeit der Seele an,

nicht der fpekulativen Vernunft ihre Anmafsung
überfchwenglicher Einfichten benehme, weil fie
fich, um zu diefen zu gelangen, folcher Grundfätze
bedienen mufs, die, indem fie in der That blofs auf
Gegenftäude möglicher Erfahrung reichen, wenn fie
gleichwohl auf das angewandt werden, was nicht
ein Gegenftand der Erfahrung feyn kann, wirklich
diefes jederzeit in Erfahrung verwandeln, und fo
alle *praktifche Erweiterung* der reinen Vernunft für
unmöglich erklären. Ich mufste alfo das (falfche)
Wiffen aufheben, um zum Glauben Platz zu bekommen, und der Dogmatifm der Metaphyfik d. i.
das Vorurtheil, in ihr ohne Kritik der reinen Vernunft fortzukommen, ift die wahre Quelle alles, der
Moralität widerftreitenden Unglaubens, der jederzeit gar fehr *dogmatifch* ift. Krit. d. r. V. Zw.
Aufl. Vorr. S. XXIV — XXXV.

F

fo geftehn Sie gewifs die Nichtigkeit des von
Ihnen fo wie von Mehreren gemachten Einwur-
fes zu.

Ein Glaubensgrund für das Dafeyn Gottes und
die Unfterblichkeit der Seele, ift, wiffenfchaft-
lich aufgeftellt, nichts anders, als der aus der unveränderlichen Natur des moralifchen Menfchen
geführte Beweifs, dafs der Menfch in Hinficht des
Bewufstfeyns feiner Pflicht und Beftimmung nur
durch Annahme des Dafeyns Gottes und der Unfterblichkeit der Seele zur Einigkeit mit fich
felbft gelangen könne. Es wird alfo damit nicht
bewiefen, dafs ein Gott, und dafs die Seele unfterblich fey, wir erfahren vielmehr dadurch von
der Natur und Möglichkeit eines Gottes und einer unbegrenzten Fortdauer fchlechterdings
nichts. Wir werden dadurch nur mit einer urfprünglichen und unveränderlichen Einrichtung
unfrer Natur deutlich bekannt gemacht, nach
welcher die Ueberzeugung vom Dafeyn Gottes
und der Unfterblichkeit der Seele die einzige Bedingung ift, Gefetz und moralifche Beftimmung
unfers Wefens ohne Widerfpruch zum Gegen-
ftande unfers Strebens zu machen *). Und diefe

*) Diefs find *die Gründe des Herzens*, von welchen
Pascal redet, wenn er fagt: *le coeur* a fes raifons,

Einrichtung unfrer Natur wird wirklich ftreng
erwiefen.

Thöricht ift es, fich einzubilden, man könne
durch das *Studium* eines folchen Glaubensgrundes von den Religionswahrheiten überzeugt werden. Ueberzeugt müffen wir freylich von etwas werden, fo wie wir ihn faffen, aber diefs
etwas ift nicht das Dafeyn Gottes, nicht die Unfterblichkeit der Seele, nicht die fittliche Ordnung im Plane der unendlichen Zukunft, es ift
nur die Wahrheit, dafs ohne diefe Sätze anzunehmen, innre Harmonie des Menfchen als moralifchen Wefens ganz unmöglich ift.

Diefe Ueberzeugung ift ein *Wiffen*; aber dadurch dafs ich diefes *Wiffen* gewinne, bekomme
ich nicht zugleich auch den *Glauben.* Ich kann
immer *wiffen*, dafs ich mir als moralifches Wefen, ohne jene Sätze, felbft widerfprechen mufs,

F 2

que *la raifon* ne connoit point, c'eft le *coeur*; qui
fent Dieu et non la *raifon.* Voila ce que c'eft que
la foi parfaite: Dieu fenfible au coeur. Er verfteht offenbar unter *coeur* die fittliche Vernunft,
unter *raifon* die theoretifche.

ohne doch defshalb fähig zu feyn, mich von diefen Sätzen felbft *lebendig zu überzeugen;* ich
kann fo weit von der Cultur meiner Menfchheit
entfernt feyn, dafs ich den Zuftand, mit mir felbft
uneinig zu feyn, fehr wohl vertragen kann. Diefe Cultur befteht nicht etwa blos in der Erweiterung und Aufklärung meiner Ideen, nicht etwa
blos in der Befeftigung meiner Ueberzeugungen
von den Wahrheiten der Philofophie; fie erfordert vielmehr fittliche Vervollkommnung meines
Willens felbft, Stärkung meiner Kraft zur mög-
lichften Selbftftändigkeit, harmonifche Ausbildung der gefammten geiftigen Vermögen meiner
Natur.

Faffen Sie den Glaubensgrund aus diefem
gewifs richtigen Gefichtspunkte, fo finden Sie,
dafs der Tadel, mit welchem Sie wegen deffelben die kritifchen Philofophen belegen, die Sache felbft nicht trifft, nur vielleicht das Zweydeu-
tige ihrer Darftellung. Sie fagen: *immer kommen Sie darauf zurück, dafs eine Welt moralifcher Wefen ohne Gott und Zukunft etwas äufserft
ungereimtes feyn würde. Allein, es fey gar nichts
unmögliches, dafs die Welt ungereimt fey, und
man dürfe ihr in diefem Falle keine Gereimtheit*

leihen, die sie selbst nicht habe. Nach dem Geiste
der kritischen Religionslehre wird keinesweges
aus der Unmöglichkeit, sich eine Welt morali-
scher Wesen ohne Gott und Zukunft ohne Widerspruch zu denken, die Wirklichkeit Gottes
und feiner moralischen Regierung *geschlossen;* es
wird nur jene Unmöglichkeit als Thatsache dar-
gewiesen. Man *folgert* nicht, Gott und Unsterblichkeit müsten wahr seyn, weil ausserdem die
Welt ungereimt wäre, sondern man erklärt, der
Mensch müsse jene Gegenstände annehmen, weil
ihm ausserdem seine eigne Vernunft ungereimt
vorkommen würde, welches unmöglich ist.

Sie tadeln *Iakobs* Beweis für die Unsterblichkeit der Seele, und beschuldigen ihn, *er setze bey
demselben voraus, was erst bewiesen werden müf-
se, dass nämlich eine solche Zweckwidrigkeit und
Disharmonie nicht möglich sey, wie sie nach ihm
Statt fände, wenn kein Gott und die Seele nicht
unsterblich wäre.* Allein jener Weltweise ist weit
entfernt, diese Zweckwidrigkeit und Disharmonie *aus vermeynter objektiver Einsicht* für unmöglich zu erklären; dies zeigt sein ganzes
Werk, dessen Centrum der Gedanke ist, dass
unsre Weltvorstellung sich unter der einzigen Be-

dingung in Harmonie mit den Prinzipien unfrer fittlichen Vernunft bringen laffe, dafs wir Gott- heit und Unfterblichkeit annehmen. Ich begrei- fe in der That bey der Beftimmtheit, mit wel- cher derfelbe fich ausdrückt, nicht, wie Sie ihn misverftehen konnten, befonders da Sie doch gewifs die Einleitung feines Werkes nicht über- fchlagen haben *).

Ihnen bleibt nur zweyerley übrig, entweder im allgemeinen zu zeigen, *es fey widerfprechend, wegen der Nothwendigkeit der Einigkeit mit fich felbft Sätze anzunehmen, für welche objektive Gründe ganz unmöglich find,* oder zu beweifen, *dafs die Lehren von Gott und der Unfterblichkeit keine Mittel der Uebereinftimmung der Vernunft mit ihr felbft find.* Sie verfuchen das erfte nicht, obwohl Sie fchon geftanden haben, *Sie könnten Sich die Möglichkeit gar nicht denken, dafs ein vernünftiger Menfch glauben follte,* wahrfchein- lich weil Sie die Unhaltbarkeit diefer gewagten

---

*) Der Verfaffer bezieht fich auf die neue Auflage diefes Werkes. Von der erften geftehet Herr I. in der Vorrede felbft, *dafs er darinn dem Beweife allenthalben zu fehr die Form eines theoretifchen Beweifes gegeben habe.*

Behauptung ahnden. Um ſo weiter treiben Sie
den Verſuch, den Wahrheiten von Gott und Unſterblichkeit jenen entſcheidenden Einfluſs auf die
Selbſteinigkeit der Vernunft abzuſprechen, der
ihr in der Kantiſchen Religionstheorie beygelegt
wird,

Ueber dieſen Verſuch erlauben Sie mir mich in
meinem nächſten Briefe zu erklären,

Ich bin u, ſ. w.

Anhang

zu diefem Briefe.

Alle gegen die Kantifche Grundlegung der Religion mögliche Einwürfe laffen fich unter drey Klaffen bringen. Es find:

1) folche, mit denen der Menfch über feine eigne Natur hinausreichen will, und Gründe unveränderlicher Einrichtungen feiner Natur fordert, welche fich innerhalb der Sphäre des Bewufstfeyns gar nicht finden laffen. Einwürfe diefer Art, die man mit gutem Grunde vermeffene oder auch excentrifche nennen kann, find im gefunden Zuftande der Seele nicht möglich. Man verfteht fich felbft nicht, wenn man fragt: warum bin ich, wie ich bin? warum habe ich die theoretifchen und praktifchen Ge-

fetze, die ich habe? Betrüge ich mich nicht mit dem Satze des Widerfpruchs, oder dem Prinzip der Moralität? Warum *mufs* ich *theoretifch,* und warum *foll* ich *praktifch* eins mit mir felbft feyn?

2) folche, in welchen man den Glaubensgrund wie einen *theoretifchen* Beweifs beurtheilt, und Forderungen, die fich nur an einen folchen machen laffen, an jenen thut. Da bey diefen die Natur der Prinzipien fubjektifer Ueberzeugung gänzlich verkannt wird, ift es nicht zu verwundern, wenn fie den Glaubensgrund als ein Gewebe von Abfurditäten darftellen.

3) folche, welche fich auf Leugnung des urfprünglichen Sittengefetzes der Vernunft, oder auf unrichtige Vorftellung deffelben, und des dadurch beftimmten Begriffes des höchften Gutes gründen.

Die Einwürfe der zweyten Klaffe find am häufigften gemacht worden. Sie find auch einerfeits am leichteften zu machen, und können andrerfeits am meiften auf Eingang

bey der grofsen Menge oberflächlicher
Denker nehmen, nicht zu erwähnen, dafs
es der Eigenliebe gar fehr fchmeichelt, das
Anfehen zu haben, als ertappe man einen
grofsen Mann auf Schnitzern, vor denen
ihn fchon feine Logik hätte fchützen follen.

Mehrere haben geglaubt, etwas fehr wich-
tiges zu fagen, wenn fie einwarfen, dafs,
wenn man auch dem Glaubensgrunde eine
noch fo grofse Kraft einräume, er doch die
Möglichkeit des Gegentheils übrig laffe, und
alfo nichts mehr bewirke, als diejenigen
Beweife, welche nur die höchfte Wahrfcheinlichkeit für das Dafeyn Gottes und die
Unfterblichkeit der Seele ankündigen. Wolle man darauf beftehen, dafs er, ungeachtet
er die Möglichkeit des Gegentheils übrig
laffe, dennoch eine vollkommene und dem
Wiffen gleichzufchätzende Ueberzeugung
begründe, fo würde man der menfchlichen
Vernunft etwas fehr widerfprechendes zu-
muthen. Das Bewufstfeyn des Glaubens
führe zugleich auch das Bewufsfeyn mit fich,
dafs man fich in dem Satze, den man annimmt, betrügen könne, es fey aber unge-

reimt, einen Satz für unumfchränkt wahr
zu halten, und zugleich auch überzeugt zu
feyn, dafs er falfch feyn könne.

Dafs der Glaubensgrund [der moralifchen
Vernunft die Möglichkeit des Gegentheils
übrig laffe, dafs das Bewufstfeyn des Glaubens auch das Bewufstfeyn der Möglichkeit
einer Selbfttäufchung mit fich führe, kann
man nur infofern fagen, als man eine Einficht in die Natur überfinnlicher Wefen vorausfetzt. Denn diefes Bewufstfeyn hat entweder gar keinen Sinn, oder es heifst, man
könne doch wohl einmal noch einfehn, es
fey der geglaubte Satz unwahr, ein drittes
findet nicht Statt. Nun verfteht fich aber
der Menfch mit dem Bewufstfeyn, es könne
diefes irgend einmal von einem menfchlichen
Geifte eingefehen werden, felbft nicht; denn
eine folche Einficht ift nach den Bedingungen aller Vorftellung und alles Erkennens
unmöglich.

Wenn gefagt wird, der Glaubensgrund
für das Dafeyn Gottes laffe die Möglichkeit
des Gegentheils übrig, fo drückt man damit

aus: bey aller fubjektiven Ueberzeugnng
vom Dafeyn Gottes wiffe der Glaubende doch,
es könne vielleicht einft noch bewiefen wer-
deu, dafs kein Gott fey. Denkt man diefes
nicht, fo fagt man leere Worte. Auf gleiche Weife kann in dem Gedanken: es ift
möglich, dafs die Seele untergehen mufs,
kein andrer Sinn liegen, als dafs es einmal
eingefehen und aus ihrer Natur begriffen
werden könne, fie fey der Vernichtung
ausgefetzt.

Es leuchtet hier mit befondrer Evidenz
ein, dafs gänzliche Unmöglichkeit alles Er-
kenntnifses über den Gegenftand eines Glaubens eine Grundbedingung deffelben ift, dafs
alle Hoffnung, zu *wiffen*, für immer abge-
fchnitten feyn mufs, um mit Feftigkeit glauben zu können,

Ift es erwiefen, dafs von den Gegenftän-
den des Glaubens alle Erkenntnifs fchlechterdings unmöglich ift, fo kann man nicht
fagen, dafs Glaubensgründe das Gegentheil
als möglich denken laffen. Wenn ich Grund
habe, Gott zu glauben, fo ift es nicht mög-

lich, dafs kein Gott fey, und der Glaubende kann fich diefs eben fo wenig denken,
als der Wiffende, dafs dreymal drey neun
oder auch nichts machten. Wenn ich Grund
habe, meine Seele für unfterblich zu halten,
fo ift es nicht möglich, dafs fie untergehe,
mein Glaube läfst mich das Gegentheil nicht
mehr denken.

Eben darin liegt der grofse Unterfchied
zwifchen Gründen der *Wahrfcheinlichkeit*
und des *Glaubens*, dafs die *Wahrfcheinlichkeit* auch vom höchften Grade, da fie auf
Einficht in die Natur des Gegenftandes beruht, das Gegentheil immer möglich läfst,
beym *Glauben* eines Gegenftandes aber,
oder vielmehr noch vor dem Glauben deffelben diefe Möglichkeit wegfällt, weil der
Gegenftand ganz aufser dem Kreife möglicher Erkenntnifs liegt.

Ich habe mich in meinen Betrachtungen
über die Philofophie der natürlichen Religion umftändlich und nachdrücklich darüber
erklärt, dafs Gründe der Wahrfcheinlichkeit
für die Religionsfätze den Menfchen nie be-

friedigen, felbft wenn fie eine von Crufius
fogenannte *unendliche* Wahrfcheinlichkeit
bewirkten, eben weil bey ihnen objektive Einficht als möglich vorausgefetzt, und
der Gedanke übrig gelaffen wird, die Sätze
könnten auch falfch feyn, und dafs der Glaube, der diefe Möglichkeit ausfchliefst, die
einzige befriedigende Art ift, uns von Gott
und Unfterblichkeit zu überzeugen. Iener
Erklärung bleibe ich auch gegenwärtig fo
treu, dafs ich ausdrücklich nochmals be-
haupte, *der Menfch könne nur defshalb vom
Dafeyn Gottes und der Unfterblichkeit der
Seele überzeugt feyn, weil weder das eine
noch das andre auch nicht im mindeften Grade wahrfcheinlich ift.* (*Ich kann nur infofern gewifs feyn, dafs ein Gott ift, und dafs
ich fortdaure, als beydes gar nicht wahrfcheinlich ift; wenn es auch unendlich wahrfcheinlich wäre, könnte ich nicht glauben.*)

Diejenigen, welche Behauptungen diefer
Art paradox finden, mögen doch nur erft
fich mit den Wahrheiten der Vernunftkritik
über Erkenntnifs überfinnlicher Dinge und
mit der Theorie der Wahrfcheinlichkeit be-

kannt machen, um endlich einmal zu ver-
stehen, was *glauben* heifse.

Herr *Platner* giebt mir im neun hundert
und sechs und dreyfsigsten Aphorismus das
Zeugnifs: „*ich habe die Wahrscheinlichkeit
ganz unter ihren in der Natur des menschlichen Verstandes bestimmten Werth herab-
gesetzt*" und fertigt mich mit der Frage ab:
„*Bleibt denn bey dem moralischen Beweise
die Möglichkeit des Gegentheils nicht auch
gedenklich?*" Ich glaube, nach allem bis-
her Gesagten könne kein Zweifel darüber
seyn, ob ich diese Frage beantworten könne, und wie ich sie beantworte.

Von weit geringerm Werthe ist der Einwurf, mit welchem sich der vorstehende
Brief beschäftigt, und welcher der Kantischen
Religionslehre den *Fehlschlufs* anschuldigt,
als *folgre* sie aus der Nothwendigkeit der
Vernunft, in Hinsicht des sittlichen Endzwecks mit ihr selbst zusammenzustimmen,
die Wirklichkeit Gottes und Unsterblichkeit
der Seele.

Herr *Platner* hat im §. 941. f. Aphor. der Moraltheologie Kants vier und zwanzig Fragen entgegen geftellt. Unter diefen befinden fich mehrere Einwürfe, die auf der falfchen Beurtheilung des Glaubensgrundes als eines theoretifchen Beweifes entfprungen find.

Ich zeichne diefe aus, und füge eine kurze Beantwortung bey:

a) „*Ift nicht der Zufammenhang der Gott-*
„*heit mit der wirklichen Naturwelt be-*
„*ftimmt, und ift alfo das, was zum Schluf-*
„*fe auf das Dafeyn einer Gottheit erfor-*
„*dert wird, nicht vorhanden?*“

Antw. „*Der Zufammenhang der Gottheit mit*
„*der wirklichen Naturwelt ift beftimmt*“ kahn nichts anders heifsen, als: „*er wird von uns in feiner Beftimmtheit begriffen.*“ Wenn aber diefes der Fall ift, fo mufs der *Beweis* des Dafeyns Gottes fchon vorhergegangen feyn. Denn eben das müfste die Folge eines *wahren* Beweifes feyn, dafs wir den Zufammenhang der Gottheit mit der Naturwelt einfähen. Allein fehen wir denn diefen

fen Zufammenhang ein? Meines Wiffens
hat ihn noch niemand aufgedeckt, und es
wird ihn nie jemand aufdecken. Die Idee
Gottes *fetzen*, und fich in ihr den *unbegreif-
lichen* Grund der Naturwelt denken, heifst
doch wohl nicht, *den Zufammenhang Gottes mit der Naturwelt einfehen*. Die theoretifche Vernunft vermag nichts weiter, als
die Idee zu *fetzen*, allein ein folches *Setzen*,
bey welchem der Zufammenhang des Grun-
des und der Folge *für die Erkenntnifs* null
bleibt, ift kein *Schliefsen* ❋).

❋) Ein übrigens wegen feiner Verdienfte und Kennt-
nifse verehrungswürdiger Mann hatte in einer meiner Stunden über das Dafeyn Gottes, wo er mir
feine Gegenwart gönnte, die *einzelne* Behauptung
ausgezeic.net, ich habe das Dafeyn Gottes eine
Hypothefe genannt. Derfelbe hätte es dabey nicht
bewenden laffen, fondern meine Behauptung in ihrer Vollftändigkeit d. h. mit denen zu ihrem Ver-
ftändnifse nöthigen und von mir nicht zurückgehal-
tenen Zufätzen faffen follen. Ich habe *viel* mehr
gefagt, als er mir zugefchrieben hat, nämlich: „*für
die theoretifche Vernunft* fey das Dafeyn Gottes
eine *Hypothefe*, und noch dazu eine *fchlechte* Hypothefe, d. h. im Grunde gar keine". Iede *Hypothefe* hat den Zweck, für einen Gegenftand oder Er-
fcheinung, deren Gründe im Gebiethe der *erkennbaren* Welt liegen, alfo erkennbar find, aber noch

G

b) „*Schliefst die dogmatische Kritik anders,*
„*wenn sie bey Erscheinungen Dinge an*
„*sich, bey Vorstellungen ein Vorstellungs-*
„*vermögen voraussetzt?*"

nicht erkannt worden, mögliche *erkennbare* Gründe anzugeben, wodurch ihr Daseyn begriffen werden kann. Diese Gründe müssen demnach so beschaffen seyn, dafs man sich einen solchen Zusammenhang zwischen ihnen und der Folge vorstellen könne, durch den man einsehe, *wie* die Folge durch den
Grund möglich sey. Diefs geschieht z. B. wenn wir
die *Frankliniſche* Hypothese zur Erklärung der
elektrischen Erscheinungen annehmen, und sie von
dem Ueberflusse oder Mangel einer gewissen feinen
Materie herleiten. Iede *Hypotheſe* mufs als eine
Ahndung *erkennbarer* Wahrheit betrachtet werden,
und mufs zur gänzlichen Gewifsheit erhoben werden *können*. Viele Lehren der Physik, welche sonst
Hypotheſen waren, sind jetzt als *erkannte* Wahrheiten allgemein angenommen. In diesem Begriffe einer
Hypotheſe kann zwischem dem Beurtheiler meines
Vortrags und mir kein Zwiespalt seyn, und wenn er
nur an jenem Begriffe hält, so wird er finden, dafs
wir im Grunde auch dem Uebrigen nach ganz einig
seyn müssen. Ich sage: für die *theoretische* Vernunft ist das Daseyn Gottes eine *Hypotheſe*, ein
Versuch, das Daseyn der Naturwelt zu *erklären*;
zugleich aber eine *schlechte Hypotheſe*, weil dadurch
nichts erklärt, das *Wie* der Entstehung und Fortdauer der Welt nicht begriffen wird. Wäre der
Mensch blos *theoretisch vernünftig*, so wäre die Erklärung des Daseyns der Naturwelt nur ein Gegen-

Ant. In dem einen und dem andern Falle
fchliefst fie gar nicht. Bey der Anerkennung der Dinge an fich findet keine Folgerung, fondern eine nothwendige unmittel-
bare Beziehung Statt, und das Vorftellungs-
vermögen liegt in der Form der Vorftellungen als *Thatfache* vor.

c) *„Darf das Gefetz der Cauffalität trans-*
„fcendentent nicht angewandt werden, um

G 2

ftand feiner *Neugier*, und er würde im Zuftande der
Skepfis bleiben, *leugnen* könnte er vernünftiger
Weife nicht. Nur inwiefern der Menfch auch *fitt-*
lich vernünftig ift, und eben defshalb fich zum Gedanken eines Endzwecks feiner felbft, der Menfchheit und ganzen Welt erheben mufs, wird *Entfchei-*
dung für ihn nothwendig, diefe ift aber nur *im Glau-*
ben möglich, wo man anzunehmen gedrungen ift,
auch ohne das *Wie* einzufehen.

Wenn man übrigens zuweilen das Urtheil verneh-
men mufs, *als begünftige eine folche Darftellung*
der Gründe der Religion den Atheifm, fo wird man
mit Unwillen an jene finftern Zeiten erinnert, wo
Verketzerungsfucht den Verdacht des Atheifm auf
einen *Bako* warf, weil er die Endurfachen mit *Ve-*
ftalinnen verglichen hatte, die Gott geweyht find
und nie gebühren.

„*die Urſache der Naturvollkommenheit zu*
„*erklären, warum darf es alſo angewandt*
„*werden zur Erklärung der Moralität*
„*in uns?*"

Antw. Vom *Dürfen* iſt wohl nicht die Rede,
ſo lange noch darüber geſtritten wird, ob
durch eine ſolche Anwendung des Geſetzes
wirklich etwas erklärt werden *kann*. Allein
es wird durch ſie nichts *erklärt*, im ſtren-
gen Sinne des Wortes: a) nicht *Vollkom-*
menheit, und Zweckmäſigkeit der Natur;
wir *begreifen* ſie durch *Setzung* eines Gottes nimmermehr; oder man müſste ſich einbilden, man *begriffe* Erſcheinungen, wenn
man ſie auf *ein gar nicht zu erkennendes*
und zu begreifendes Etwas, auf einen *ver-*
borgenen Grund bezieht; b) eben ſo wenig
die *Moralität*; dieſe ſoll auch keinesweges
durch die Idee eines Gottes *erklärt* werden.
Ich *erkläre* das Sittengeſetz nicht, wenn
ich mir den letzten Grund deſſelben in der
Heiligkeit Gottes denke, denn dieſe wird
ſelbſt nur durch Vorſtellung des Sittengeſetzes vorſtellbar, und drückt den gar nicht

zu erkennenden und zu begreifenden Ur-
grund aller Moralität aus.

d) „*Iſt der Schluſs vom Daſeyn der Moral-*
„*welt auf einen moraliſchen Urheber etwas*
„*anders, als der Schluſs von der Wirkung*
„*auf die Urſache?*"

Antw. Es iſt gar kein *Schluſs*, ſondern eine
für die Vernunft nothwendige Forderung.
Kein *Schluſs* kann *beweiſen*, daſs eine moraliſche Welt nur durch einen moraliſchen
Urheber daſeyn könne.

e) „*Dafern die Moraltheologie ſich nicht al-*
„*len Schluſsregeln entziehen will, wie er-*
„*weiſet ſie die Bündigkeit des Schluſſes*
„*von dem Gebote der praktiſchen Vernunft*
„*auf die Exiſtenz eines Gottes? Sey*
„*auch in dem Geſetze der Sittlichkeit*
„*nichts, was die Glückſeligkeit verheiſset,*
„*und doch alles darin, was den Zuſam-*
„*menhang derſelben mit der Sittlichkeit*
„*vorausſetzt, folgt daraus, daſs ein We-*
„*ſen exiſtiren müſſe, welches den Grund*
„*dieſes Zuſammenhangs enthält? Schlieſst*

„man auch ricktig von einem vorhandenen
„Gebote auf das wirkliche Daſeyn der
„Mittel ſeiner Erfüllung? Soll aber der
„Beweiſs der Moraltheologie weiter nichts
„darthun, als die Verpflichtung alſo zu
„ſchlieſsen, wie wird man zu einem Schluſ-
„ſe, unabhängig von theoretiſcher Ein-
„ſicht, praktiſch verpflichtet?"

Antw. Wäre der Glaubensgrund ein *theoreti-*
ſcher Beweiſs, ſo wären alle dieſe Einwürfe
treffend; da er aber dieſes nicht iſt, ſo ſind
ſie ſämtlich ſchief und verfehlen das Wahre.
Diefs iſt, glaube ich, in dem vorſtehenden
Briefe hinlänglich gezeigt. Nur indem Herr
P. den Glaubensgrund, wie einen *theoreti-*
ſchen Beweiſs behandelte konnte, er zuletzt
auch fragen:

f) „Iſt am Ende dieſe ganze Art des ſub-
„jektifen Glaubens pſychologiſch mög-
„lich?"

Wäre es ein *theoretiſcher Beweiſs,* ſo wäre
er ein Gewebe von logiſchen Fehlern, und
ein Fürwahrhalten ſeines Gegenſtandes wäre

durch ihn pfychologifch unmöglich. Betrachtet man ihn aber als das, was er ift, fo
zeigt fich, dafs Fürwahrhalten feines Gegenftandes durch ihn nicht blos pfychologifch möglich, fondern nothwendig ift, wenn
die fittliche Vernunft des Menfchen in Harmonie mit den übrigen Kräften die gehörige Ausbildung erhalten hat.

Ich habe mich bey diefer Gelegenheit
abermahls über diefen Gegenftand fo freymü-
thig als möglich erklärt, da diejenigen, welche ihr Intereffe dabey finden, ärgerliche
Vorftellungen von der Gefährlichkeit der
Religionslehre der kritifchen Philofophie zu
verbreiten, in Einwürfen jener Art mächtige
Stützen für ihren Eifer gegen diefelbe zu
finden glauben.

Ich war gerecht genug, um mich einem Atheifm, wie es der Ihrige ift, mit Ehrfurcht zu nähern. Auch jetzt, da ich zu dem eigentlichen Sitze der Krankheit übergehe, um ihn fo zu beleuchten, dafs ihn der Kranke felbft fehe, kann ich jene Gefühle nicht zurückhalten, die uns das wahrhaft Grofse und Würdige unwillkührlich abnöthigt, wir mögen es unter Umftänden und mit Folgen treffen, welche es auch feyen. Fürwahr, der Sitz Ihrer Krankheit ruht hauptfächlich in zweyen der achtungswürdigften Eigenfchaften, Eigenfchaften, die gerade das Widerfpiel von jenen find, wegen welcher fich der Pöbel unfrer Gläubigen in die Arme der Religion wirft, ich meyne Selbftfucht und Feigheit.

Sie befitzen eine moralifche Seltenheit, ein *überfpanntes* Gefühl für Uneigennützigkeit und

Adel der Seele. Sie hegen eine Furcht vor allem, wovon Sie ahnden, es könne der Reinheit der fittlichen Gefinnung Eintrag thun, *wenn es auch der Fall nicht ift*, und fchränken lieber den Gefichtskreis Ihres Geiftes *auf Koften der Confequenz* ein, als dafs Sie die Lauterkeit Ihres Herzens auch nur der entfernteften Gefahr ausfetzten. Diefe Gefinnung wird durch Ihr moralifches Kraftgefühl und Ihr Vertrauen zu Ihrer Freyheit unterftützt. Es fcheint Ihnen keine Prüfung zu hart, die Ihr Wille nicht überwinden könnte. Und mit diefen an fich fo edlen Eigenthümlichkeiten vereinigt fich der doppelte Umftand, dafs ihr moralifches Bewufstfeyn zwar *rein* und *beftimmt*, aber nicht *ausgebreitet* genug ift, und dafs Sie, wie wenig Sie es auch glauben mögen, das Verhältnifs der Religionswahrheiten zu demfelben nicht richtig faffen. Im Ganzen ift Ihre Krankheit keine Krankheit der Schwäche, fondern eine Krankheit der Stärke *), der mifsverftandenen, und übertriebenen Stärke.

*) Der berühmte *Brown* theilt die Körperkrankheiten 1) in *ftheni*fche, von übermäfsiger Erregung, 2) in *aftheni*fche, von zu fchwacher Erregung. Mir fcheint diefe Eintheilung läfst fich beffer auf die Krankheiten des Gemüths des fittlichen Mfenfchen, als auf den Körper anwenden.

Das *wefentlichfte* Uebel, welches aus dem Sitze Ihrer Krankheit hervorgeht, ift die Mey-nung, als ob fich die Vernunft des Menfchen in der Anerkennung des Sittengefetzes, und der unbedingten Unterwerfung unter daffelbe nicht widerfpräche, wenn fie dem Glauben an die Re-ligionswahrheiten ihren Beyfall verweigert, viel-mehr mit fich felbft zerfiele, wenn fie die Sätze von Gott und Unfterblichkeit annehmen zu müf-fen glaubte, um im Bewufstfeyn der Pflicht einig mit ihr felbft zu feyn.

Ich will im gegenwärtigen Briefe den erften Theil diefer Behauptung zu prüfen verfuchen. —

Sie geben (S. 43. 44.) vor, *Sie könnten das moralifche Gefetz ohne alle Beziehung auf einen für das Ganze der Menfchheit und das Univerfum zu realifirenden Endzweck denken, könnten es in feiner vollen verbindenden Kraft annehmen, ohne zu berückfichtigen, ob die Begebenheiten der Welt jenem Gefetze angemeffen feyn, geböthen nur Ih-nen felbft Gefetzmäfsigkeit des Willens, unbeforgt, ob aufer Ihnen vielleicht gar keine fey.*

Ich zweifle daran nicht, dafs Sie diefes in *Ihrem jetzigen Zuftande können,* aber eben fo

gewifs bin ich überzeugt, dafs diefe Ihre Fähigkeit von einer Unvollkommenheit Ihres moralifchen Bewufsfeyns herrührt. Diefe Unvollkommenheit ift, wie ich bereits angedeutet habe,
nicht *Unreinheit*, oder *Unbeftimmtheit*, fondern
Befchränkung, Mangel an Ausbreitung *).

*) Die vorzüglichften Fehler des moralifchen Bewufst-
feyns find:

1) *Unreinheit*, bey welcher in die Vorftellungen
der Freyheit, des Sittengefetzes, und die damit
nothwendig zufammenhängenden Vorftellungen
Merkmale gelegt werden, welche fremdartig find,
und fich mit den wefentlichen Merkmalen nicht vertragen. Die Vorftellung *der Freyheit* ift *unrein*,
wenn Merkmale mechanifcher Nothwendigkeit hin-
ein verwebt find. Die Vorftellung *des Sittengefetzes*
ift *unrein*, wenn Züge darin enthalten find, die fich
auf eigennützige Motiven beziehen, (Merkmale,
die in Klugheitsregeln gehören.) Die Vorftellung
des höchften Gutes ift *unrein*, wenn darin die Tugend der Glückfeligkeit untergeordnet ift. Die Vorftellung *der Unfterblichkeit* ift *unrein*, wenn die
Unfterblichkeit als blofses Mittel der Befriedigung
des Verlangens nach Glückfeligkeit erfcheint. Die
Vorftellung *Gottes* ift *unrein*, wenn man Glückfeligkeit als letzten Zweck deffelben annimmt.

2) *Unvollftändigkeit*, wenn die Vorftellungen
der Freyheit, des Sittengefetzes und der damit zufammenhängenden Vorftellungen nicht alle Merkmale enthalten, welche wefentlich zu ihnen gehören.

Wer von dem moralifchen Gefetze *eine nach feinem ganzen Umfange deutlich auseinandergefetzte* Vorftellung befitzt, kann es nicht ohne Beziehung auf das All der vernünftig - freyen-

3) *Unbeflimmtheit*, wenn die Vorftellungen nicht bewirken, dafs man die Gegenftände von andern fcharf unterfcheiden könne, mit denen fie leicht verwechfelt werden, wie wenn man durch feine Vorftellung der *Freyheit* nicht fogleich fähig ift, fie vom Begehrungsvermögen der Sinnlichkeit zu unterfcheiden, nach feiner Vorftellnng vom Sittengefetze es noch mit Regeln der Klugheit verwechfeln kann. Die *Unbeflimmtheit* entfpringt aus der *Unreinheit* und *Unvollfländigkeit.*

4) *Mangel an Ausbreitung.* Das moralifche Bewufstfeyn ift dann möglichft ausgebreitet I) wenn die Vorftellungen der Freyheit und des Gefetzes alle die Vorftellungen mit fich führen, ohne welche der Menfch im Bewufstfeyn feiner Moralität fich nicht felbft verftehen und begreifen, und überhaupt nicht eins mit ihm felbft feyn kann. An die Vorftellung der Freyheit und des Gefetzes fchliefsen fich *nothwendiger* Weife an die Vorftellungen *des All der fittlichen Wefen, der fittlichen Ordnung, des höchften Gutes, der vollkommenen Welt, der unendlichen Fortdauer der fittlichen Wefen, der Unfterblichkeit.* Wer *Freyheit* und *Sittengefetz* ohne diefe Vorftellungen denken kann, deffen moralifches Bewufstfeyn kann übrigens völlig *rein* feyn, allein es ift *befchränkt;* von diefem Fehler ift im Briefe die Rede; 2) wenn fich an die Vorftellung der reinen Pflicht, die Vorftellungen der abgeleiteten Pflichten,

endlichen Wefen, nicht ohne die Forderung denken, dafs alle vernünftige Wefen dadurch in gleichem Grade verbunden feyen, und unter denen
Verhältnifsen, in denen fie nach dem Endzwecke
ihres Dafeyns ftehen müffen, darnach behandelt
werden.

Die Vorftellung des fittlichen Gefetzes fchliefst
eine Beziehung der Beftimmung feiner Freyheit
auf die Freyheiten aller vernünfüg-freyen-endli-
chen Wefen in fich. Die Vorftellung diefer Wefen
ift eine urfprüngliche, aus unferm eignen Selbft-
bewufstfeyn hervorgehende Vorftellung. Das
fittliche *Ich* involvirt das fittliche *Du*, und die
Gemeinfchaft aller fittlichen *Ichs* in ihrem Syfteme, deren keines fich *Ich* nennen kann, ohne zugleich das ganze Syftem *Du* zu nennen *).

an die Vorftellung der Freyheit, die Vorftellung der
Rechte der fittlichen Wefen in möglichft grofsem
Umfange anfchliefsen.

5) *Mangel an Innigkeit und Kraft.* Das moralifche Bewufstfeyn des Verfaffers der atheiftifchen
Briefe ift *rein*, *vollftändig*, *beftimmt*, vor allem
innig und *kraftvoll* — aber *befchränkt*.

*) Man hat Kant den Vorwurf gemacht, als nehme er
fälfchlich das von ihm aufgeftellte Moralgefetz als

Hier liegt auch der Grund aller ſittlichen Güte und Böſheit. Handelt das ſittliche *Ich* nicht
zugleich auch in der Rolle des *Du* aller Mitglie-
der des moraliſchen Syſtems, ſo iſt ſein Handeln
bös. Handelt es aber als das *Ich* und das allgemeine *Du* zugleich, handelt es, als Theilnehmer
und Repräſentant des ganzen Reichs der ſittlichen
Weſen, dann iſt ſein Handeln *gut*.

Zu der Natur eines *ſittlichen Ichs* gehört auſer
der praktiſchen Vernunft und *Freyheit* auch *etwas*
ihnen Entgegengeſetztes, welches nach Naturge-
geſetzen beſtimmt wird, aber Einfluſs auf das
Vorſtellungsvermögen, und durch dieſes auf den
Willen hat. Dieſs muſs ſich ſeinen Wirkungen
nach an das freye Weſen ſo anſchlieſsen, daſs es

urſprünglich an, da in ihm die Vorſtellung *aller* vernünftigen Weſen liege, welche doch nur durch Erfahrung möglich ſey. Allein dieſs iſt ein groſser
Irrthum. Die Vorſtellung eines mit Vernunft und
Freyheit begabten Weſens kann allein aus dem Bewuſstſeyn unſrer eignen ſittlichen Natur hervorgehn,
ſie muſs aber auch nothwendig daraus hervorgehn,
ſobald wir unſrer Vernunft und Freyheit bewuſst
werden. Die Idee der *Allheit* derſelben beruht auf
der Gleichheit der Geſetze und des freyen Vermögens in jedem moraliſchen Weſen, welche eben ſo
wenig durch Erfahrung erkannt werden kann.

Bedürfnisse und Triebe in seiuer Natur begründe, welche die Freyheit nicht aufheben, aber ihr im Gegensatze der Vernunftgesetze, die realisirt werden sollen, Fälle der Wahl darbiete, wo es darauf ankommt, ob jene Bedürfnisse und Triebe in Harmonie oder in Widerspruch mit den Vernunftgesetzen befriedigt werden.

Bey dem Menschen (einer Art der sittlichen Wesen) nennen wir dieses Entgegengesetzte *Sinnlichkeit*. Und obwohl dasselbe bey andern Arten sittlicher Wesen anders beschaffen seyn kann, so bedienen wir uns doch auch desselben Begriffs in Beziehung auf sie. Dieser Anthropomorphism in der Vorstellung aller sittlichen endlichen Wesen ist erlaubt, wenn wir nur bey *Sittlichkeit* das Allgemeine denken, was sie zur Möglichkeit der Moralität beyträgt.

Es gehört wesentlich zu der Vorstellung eines solchen Vermögens, dafs man ihm ein Begehrungsvermögen zueigne, welches nach Naturgesetzen zu einem Zwecke bestimmt wird, welcher *an sich* der sittlichen Vernunft fremd ist, zugleich ein nothwendiges Interesse für diesen Zweck, welches, *in seiner freyen Wirksamkeit* dem Gefetze und der Pflicht entgegenſtrebt. Dieſes Begehrungsvermögen muſs mit einem Triebe nach Befriedigung gedacht werden, und die Wirkungen dieſes Triebes ſind rechtmäſsig, wiefern ſie dem Gehorſame gegen Geſetz und Pflicht untergeordnet ſind.

Bey dem Menſchen, dem einzigen für uns *erkennbaren* ſittlichen Weſen nennen wir dieſe Befriedigung *Glückſeligkeit*, und den Trieb nach derſelben, den *Trieb nach Glückſeligkeit*.

Das ſittliche Weſen muſs in allen Perioden ſeines Daſeyns als begabt mit einem ſolchen Entgegengeſetzten gedacht werden, weil es auſserdem ſeinen ſittlichen Charakter verlöhre, und eben ſo gewiſs muſs ihm ins Unendliche fort ein Trieb nach Befriedigung zugeeignet werden, der in jenem Entgegengeſetzten gegründet iſt.

Da dieſes Entgegengeſetzte nicht aus der Vernunft und Freyheit hervorgehen kann, muſs es durch eine ganz andere Gattung der Dinge gegeben werden, deren Inbegriff wir *Natur* nennen mögen.

Unſer

Unfer fittliches Ich alfo, *das Syftem aller fittlichen Ichs unter gleichen Gefetzen*, und *eine Natur*, die die fittlichen *Ichs* mit einem Einfluffe
umgiebt, der jedoch ihre Freyheit nicht aufhebt,
find Vorftellungen, welche nothwendig zufammen gehören *). Ieder Menfch, vom gröfsten
Philofophen bis herab zum Menfchen von blos
gefunder Vernunft denkt fie zufammen, nur dafs
in dem Denken des Einen mehr Deutlichkeit liegt,
als in dem des andern.

Das fittliche Gefetz fordert uns unmittelbar
unbedingte Achtung ab, ohne alle weitere Hinficht; darinn ftimmen Sie vollkommen mit mir
überein. Wefen, denen es urfprünglich eingepflanzt ift, find Zwecke an fich.

Führt die *Idee des Sittengefetzes* die *Idee des
All* der *fittlichen Wefen* mit fich, fo ift die Ach-

_____

*) Es ift nicht zu verwundern, dafs der Begriff des
Sittengefetzes auf den Begriff der *Freyheit* und den
der *Natur* führt. Denn das *Sittengefetz* kann ohne
die eine und die andre nicht gedacht werden. Im
Gegentheile führt der Begriff der *Natur* weder auf
den *der Freyheit*, noch auf den des *Sittengefetzes*,
da diefe keine Bedingungen find, jenen zu denken.

H

tung vor der fittlichen Vernunft in mir zugleich
auch Achtung vor der fittlichen Vernunft in allen Gliedern des ganzen Syftems. Und mufs ich
die Vernunft eines Ieden als Zweck an fich anfehen, fo mufs ich auch das gatze Syftem als
Centrum des Univerfums denken. Der Gedanke, dafs nichts über der fittlichen Vernunft ift,
ift zugleich auch der Gedanke, dafs alles übrige
wegen der fittlichen Vernunft da ift.

Aus demfelben Grunde, aus welchem ich von
mir fordre, durchaus nach dem fittlichen Gefetze
zu handeln, mufs ich auch fordern, dafs ich darnach behandelt werde, und fo wie ich allen Gliedern des moralifchen Reichs gleiche Verpflichtung zueignen mufs, mufs ich auch fordern, dafs
fie alle auf eine, mit den fittlichen Gefetzen zu-
fammenftimmende Weife behandelt werden. Ich
fordre alfo Harmonie der moralifchen Ordnung
und der Ordnung der Natur. Gäbe ich diefe Forderung auf, fo geftünde ich zu, dafs die fittlichen
Wefen unter der Natur ftünden, da ich doch, meinem Bewufstfeyn zu Folge die fittliche Vernunft,
und die Wefen, denen fie eingepflanzt find, für
erhaben über alle Natur halten mufs.

Es ift alfo kein beliebiger Gedanke, fondern ein durch die unveränderliche Natur meines fittlichen *Ich* nothwendig beftimmtes Problem, dafs die Natur eine moralifche Form bekomme, und da diefe Forderung ein Refultat des Sittengefetzes felbft ift, fo kann ich mich ihm auch nicht mit freyer und fefter Treue unterwerfen, wenn ich mir keine Möglickeit denken kann, diefelbe realifirt zu fehen. Es fcheint mir dann lügnerifch, weil es mich durch denfelben Grund, der mir unbedingten Gehorfam gegen daffelbe, aus Achtung, abdringt, zu einer Forderung beftimmt, welche fchimärifch ift, weil es mich als Bürger einer vollkommnen moralifchen Welt in Pflicht nimmt, wo doch kein Glied je zur Geltung feiner Rechte gelangt. —

Wenn Ihr moralifches Bewufstfeyn die gehörige Ausbreitung hat, fo müffen Sie diefen Punkt erreichen. Und dann können Sie nicht fagen: „Stünde ich in der Mitte chaotifcher Maffen, die „keines Plans und keiner Ordnung empfänglich „wären, wäre allein *in mir* Gefetz, und nur *für* „*mich* Gefetz da, ich würde darum nicht den lei- „feften Zweifel gegen die Gultigkeit meines Ge- „fetzes faffen, und ungeftöhrt darauf hinarbeiten,

„in mir felbft harmonifch zu feyn." Sie müffen
dann Gefetzmäfsigkeit *in Ihnen* und *aufser Ihnen*
fordern, und die Gefetze in Ihnen werden Ihnen
verdächtig, wenn die Natur in ewigem Widerfpruche mit ihnen fteht.

Auf diefem Punkte hat Ihr dichtender Geift
kein freyes Spiel zu *intereffanten Schwärmereyen*; es hängt nicht von feiner Willkühr ab,
Plane und Riffe zu bilden, um fich eine allgemeine Gefetzmäfsigkeit in der Sitten- und Naturwelt zu *träumen*. Es dringt fich Ihnen
vielmehr *das einzig ächte Ideal einer allgemeinen
fittlichen Ordnung* auf und bleibt der beftändige
Begleiter der Vorftellung des Gefetzes, aus dem
es hervorgieng. Sie müffen jene Ordnung eben
fo nothwendig fordern, als Sie von ihnen felbft
vollkommne Gefetzmäfsigkeit fordern. So wie fie
auf jene Verzicht leifteten, müfsten Sie diefe für
fchimärifch erklären.

Als Ziel, worauf diefe Ordnung hinführt,
müffen Sie Verbindung eines unendlichen Fort-
fchrittes in der moralifchen Vervollkommnung,
mit einem entfprechenden unendlichen Fortfchrit-
te der Beglückfeligung fordern. Dafs unendlicher

Fortfchritt in der moralifchen Vervollkommnung
Beftimmung der fittlichen Wefen fey, wird nicht
etwa durch einen Schlufs herausgebracht, oder auf
blofsen Wunfch, oder wohl gar willkührlich angenommen. Das moralifche Gefetz gebiethet
dem fittlichen Wefen eine Vollendung, die es in
keinem Zeitpunkte feines Dafeyns haben kann.
Es gebietet reine, ununterbrochene Güte des
Willens, ftellt Heiligkeit als das Ideal alles Strebens auf. Das Gebot: *ftrebe nach Heiligkeit*,
gerichtet an ein endliches Wefen, hat keinen andern Sinn, alsden: *Strebe ins Unendliche fort nach
immer reinerer und befferer Gefinnung.* Es kann
nicht gebieten, die Heiligkeit zu *erlangen*; diefs
ift für ein endliches Wefen unmöglich; aber eben
fo wenig, nur *bis auf einen gewifsen Grenzpunkt*
nach Heiligkeit zu ftreben, denn es wäre widerfinnig, ein endliches Streben nach dem Unendlichen zu gebieten.

Der Fortfchritt ins Unendliche ift alfo *der Inhalt des Moralgefetzes felbft*, und Niemand kann
fich das Moralgefetz denken, ohne fich zugleich
jenen Fortfchritt als nothwendig zu denken. Ein
Blick in unfer Herz ift zugleich ein Blick in die
Unendlichkeit.

Müſſen wir aber die ſittlichen Weſen allezeit als begabt mit einer der vernünftigen entgegengeſetzten Natur denken, in welcher Bedürfniſs und Trieb nach Befriedigung gegründet iſt; (S. 100. u. f.) ſo können wir *den unendlichen Fortſchritt in der ſittlichen Vervollkommnung* nicht denken, ohne zugleich *einen ihm proportionirten Fortſchritt in der Befriedigung des, in der der vernünftigen entgegengeſetzten Natur gegründeten Triebes* für nothwendig zu erklären.

Die Vorſtellung des Sittengeſetzes alſo, führt unausbleiblich zu der Vorſtellung dieſes unendlichen Fortſchrittes in der Befriedigung der Sinnlichkeit, die wir bey dem Menſchen mit dem Namen der Glückſeligkeit bezeichnen. Und man kann ſich das Sittengeſetz, ohne Beziehung auf Glückſeligkeit gar nicht vorſtellen, wenn man nicht auf halbem Wege ſtehen bleibt.

Iſt dieſes wirklich ſo, ſo geräth das ſittliche Weſen, wenn es mit Conſequenz fortgeht, endlich auf die Forderung eines Daſeyns, angemeſſen jenem Ziele beyder unendlicher Fortſchritte, das heiſst eines grenzenloſen Daſeyns, und die Forderung eines Weſens, welches die Welt zu diefem Ziele fchaffen, einrichten und regieren kann. Dann, wenn die Idee eines folchen Wefens fich an das Sittengefetz anfchliefst, hat das fittliche Bewufstfeyn feine gröfste, mögliche *Ausbreitung*. Das *fittliche Ich* findet in der Entfaltung feines Bewufstfeyns nur mit *Gott* ein Ende. — —

Wenn denn nun wirklich das Sittengefetz alle diefe Vorftellungen mit Nothwendigkeit herbeyführt, von denen immer die eine ohne die andre nicht gedacht werden kann, wie wollen Sie Ihre Behauptung retten, dafs der Menfch fich in der Anerkennung des Sittengefetzes nicht widerfpreche, wenn er die Religionswahrheiten von Gott und Unfterblichkeit leugnet? Wahrlich Sie verftehen fich felbft nicht mit diefer Behauptung. Alle fittliche Vorftellungen von *Gefetz* bis auf *Gott* hängen fo innig zufammen, dafs, wenn die letztere eine Lüge ift, die erftere es auch ift. —

Ich bin u. f. w.

Anhang

zu diefem Briefe.

Unter allen Lehrfätzen der kritifchen Philofophie ift keiner mehr mifsverftanden worden,
als derjenige, worinn das Dafeyn Gottes ein
Poftulat genennt wird. Und diejenigen haben denfelben wohl am gröbften mifsverftanden, welche glaubten, er drücke eine *zufällige fchwankende* Ueberzeugung aus *).

---

*) Wenn diefes von Dilettanten gefchieht, fo kann es
nicht befremden. Wenn fich aber Männer, wie
ein *Platner* u. a. an fie anfchliefsen, und mit einem
gewiffen Tone der Verachtung von dem Kantifchen
Poftulieren reden, fo kann der Sachkundige fein
Erftaunen nicht zurückhalten. Der genannte Phi-
lofoph pflegt fich immer des Adverbium *nur* zu bedienen, um den Gehalt eines *Poftulats* zu beftim-

Ich glaube, die Darftellung des Zufammen-
bangs der Religionsideen mit dem Sittengefetze in dem vorftehenden Briefe, mache es
im höchften Grade evident, welche fefte und
kräftige Ueberzeugung jenes Wort aus-
drücke. Sie zeigt, was in allen mir bekannten Schriften über diefen Gegenftand
nicht hinlänglich auseinandergefetzt worden
ift, dafs nämlich das Sittengefetz fich ohne
jene Ideen nicht einmal *widerfpruchsfrey
denken* laffe.

men; §. 941. fagt er: „Was haben alle der Gottheit beygelegte Vollkommenheiten für eine Bedeutung, und alle Beweife derfelben für einen Grund,
wenn die Idee der Gottheit felbft *nur* poftulirt
wird?" an einem andern Orte: „Wer nicht wüfste, dafs Kant die Wirklichkeit Gottes und alle Eigenfchaften deffelben für unerweifslich erklärt, der
möchte vielleicht feinem Syftem von diefer Seite
einen höhern Grad von Rechtgläubigkeit zufchrei-
ben, weil in demfelben auf die Schöpferkraft Gottes fehr ernftlich gedrungen wird. Allein man mufs
nicht vergeffen, dafs das fubjektiver Weife und mit
Ablehnung aller theoretifchen Gründe *nur* alfo angenommen oder poftulirt wird." — Nie ift wohl
das Adverblum *nur* übler angebracht worden als
hier, und derjenige, welcher die Kraft eines Poftulats einfieht, kann fich bey Stellen diefer Art der
Frage nicht enthalten; „*was wollen Sie denn
mehr?*"

Man würde den Sinn des Kantifchen Terminus
nie verfehlt haben, wenn eben diefes gehörig entwickelt worden wäre. Bey den gewöhnlichen Darftellungen des moralifchen
Glaubensgruudes erfcheinen jene Ideen immer nur als zufällige Hülfsmittel einer noth-
gedrungenen Vernunft, als Anhänge, die
auch füglich wegbleiben könnten, ohne dafs
man doch mit dem Sittengefetze etwas Widerfprechendes annähme. Und es ift kein
Wunder, wenn fo Viele fich unter dem Glauben eine Ueberzeugung vorftellen, welche
willkührlich und beliebig ift.

Ein Poftulat der moralifchen Vernunft ift ein
in dem Menfchen *urfprünglich gegründeter*
theoretifcher, aber als folcher nicht zu erweifender Satz, ohne welchen man die Ge-
fetzgebung der fittlichen Vernunft für *widerfinnig* erklären müfste, eine Vorftellung,
welche eine durch nichts zu erfetzende Bedingung der *Denkbarkeit* des fittlichen Gefetzes *als eines Gefetzes* ift · Ein Gefetz ift,
als Gefetz, nur dann denkbar, wenn die
Vorftellung feiner *verbindenden Kraft* nichts

Widerfprechendes enthält. Es würde höchft
unfinnig feyn, zu fagen, man könne, ohne
Gott und Unfterblichkeit anzunehmen, zwar
dem Sittengefetze keine verbindende Kraft
zueignen, aber es doch ohne Widerfpruch
denken; denn man kann kein Gefetz, als
Gefetz ohne Widerfpruch denken, wenn
man ihm zugleich die verbindende Kraft ab-
fpricht, die eben fein Wefen, als eines Gefetzes ausmacht. Wenn ein Satz *a priori*
in unferer Vernunft gegründet ift, und ohne
ihn das Sittengefetz nicht gedacht werden
kann, fo mufs die Vorftellung des Sittengefetzes jenen Satz mit Nothwendigkeit herbeyführen, oder es mufs möglich feyn, fich
das Sittengefetz auf eine widerfprechende
Weife, als *gebietend* und doch *nicht verbin-*
dend zu denken.

Soll der innige Zufammenhang des Sittengefetzes und der Religionsideen vollkommen
einleuchten, fo mufs vor allem der Inhalt des
Sittengefetzes felbft in das gehörige Licht
gefetzt worden feyn, mufs kein Zweifel
mehr darüber Statt finden, ob im Sittengefetze wirklich Streben nach *dem Unendli-*

chen liege, ob das Gebot: *ſey heilig*, das endliche Weſen an die *Unendlichkeit* verweiſe. Wenn das Sittengeſetz wirklich keinen andern Sinn als dieſen hat; ſo ſind diejenigen Ideen nothwendige Bedingungen, es zu denken, durch welche allein die Möglichkeit des Gegenſtandes jenes Gebotes vorgeſtellt werden kann.

M. ** an R. ***

Ift es mir in meinem vorigen Briefe gelungen,
den Zufammenhang der Religionsideen mit dem
Sittengefetze in feiner ganzen Innigkeit darzuftellen, leuchtet es diefer Darftellung zu Folge
ein, dafs das Sittengefetz, *als Gefetz*, ohne fie
gar nicht gedacht werden kann, fo ift damit zugleich auch Ihre Behauptung widerlegt, dafs der
fittliche Menfch durch Annahme der Religionswahrheiten in Widerfpruch mit ihm felbft gefetzt
werde. Da Sie indeffen in Ihr Räfonnement
über diefen Gegenftand, manchen gewagten Ne-
bengedanken gewebt haben, fo ift die Prüfung
deffelben für mich ein fehr intereffantes Gefchäft.

*Die fittlichen Gefetze, behaupten Sie, werden
durch jede Verknüpfung des Zwecks der Glückfeligkeit und der Tugend verunreinigt, und ver-*

werfen auch Kants Methode sie zu vereinbaren.
Sie halten Glückseligkeit für einen Begriff, der,
bezogen auf eine andre Welt, keinen Sinn hat, und
sprechen diesemnach dem Zweke der Tugend und
Glückseligkeit in Harmonie, in derselben Bezie-
hung allen Sinn ab. Sie nehmen diese Harmonie
nicht als Zweck für die Bestrebungen unsers Wil-
lens in dieser Welt, sondern als Ideal eines befrie-
digenden Menschenlebens an, welches aber nicht
auf die Zukunft hinweise.

Wenn Sie behaupten, es sey keine Verknüpfung
des Zweckes der Sittlichkeit und Glückseligkeit
möglich, welche nicht die sittliche Gesinnung ver-
unreinige, und dem zuFolge alle Hinsicht auf Glückseligkeit von der moralischen Pflicht abschneiden, so
zeigen Sie damit nur zu deutlich, daſs Sie die
einzig ächte Verbindung von beyden, auf deren
Nothwendigkeit die kritische Philosophie so viel
rechnet, nicht gehörig gefaſst haben. Auſserdem hätten Sie gefunden, daſs sich der Gedanke
der Glückseligkeit bey einem sittlichen endlichen
Wesen, von dem Gedanken seines sittlichen Wer-
thes nicht abtrennen läſst, und daſs die *unaus-*
bleibliche Anschliesung von jenem an diesen, so
weit entfernt ist, von einer unlautern Gesinnung

herzurühren, daſs ſie vielmehr die Folge der
gröſsten Reinheit derſelben iſt.

Die ſittliche Geſinnung wird nur dann durch
Verknüpfung des Zwecks der Sittlichkeit mit dem
der Glückſeligkeit verunreinigt; 1) wenn die
Glückſeligkeit als Beweggrund der Sittlichkeit
gedacht, und die Sittlichkeit demnach zu ihrem
Mittel gemacht wird; 2) wenn die Hinſicht auf
Glückſeligkeit zwar nicht Motive, aber der Grund
der Aufmunterung und Belebung zum Guten
iſt *), Beydes darf nach den Prinzipien der kritiſchen Philoſophie nicht geſchehn. Nach ihnen
ſchlieſst ſich an den Zweck der Tugend, der Gedanke des Erfolgs der Glückſeligkeit inſofern an,
als ein ſittliches Weſen, nach den reinen Prinzipien der Sittlichkeit ſelbſt, *auch ohne alles Pri-*

---

*) Manche Freunde der kritiſchen Philoſophie haben
geglaubt, dem Einwurfe, daſs Kant im Grunde doch
die Glückſeligkeit zur Motive der Tugend mache,
dadurch zu begegnen, daſs ſie ſagten, die Hoffnung
der Glückſeligkeit ſolle nur Hinderniſſe der Feſtig-
keit in der Ausübung des Guten wegräumen. Allein diefs kommt im Grunde auf eines hinaus.
Wenn ich die Hinderniſſe nur wegen der Voraus-
ſetzung der Glückſeligkeit überwinde, ſo hat meine Handlung keinen ſittlichen Werth.

*vatinterejfe für das Reizende des Genujfes, und
ohne alle Beziehung auf feine Individualität,* ent-
fcheiden muſs, daſs, wenn die Prinzipien der
Sittlichkeit, wie das Bewuſstſeyn ankündigt, allgemein und uneingeſchränkt gelten, freyerwor-
bener ſittlicher Werth in der Ordnung der Dinge,
von einem proportionirten Maaſe der Glückſeligkeit begleitet ſeyn müſſe. Das ſittliche Weſen
ſinkt hier nicht zum Eigennutze herab, vielmehr
wäre dieſes Urtheil ihm auch dann nothwendig,
wenn es durch zufällige Urſachen alles Intereſſe
für Vergnügen und Genuſs verlohren hätte.

Wenn ſich alſo das ſittliche-endliche Weſen *Harmonie* der Tugend *und Glückſeligkeit* als den vollſtändigen Endzweck ſeines Daſeyns denkt, ſo ver-
gönnt es ſich damit eben ſo wenig Unlauterkeit der
Geſinnung. Es iſt durch die Prinzipien der Moralität ſelbſt gezwungen, an den Gedanken einer
gränzenloſen Annäherung an das Ideal einer vollendet reinen ſittlichen Güte, den Gedanken einer proportionirten gränzenloſen Steigerung ſeines Wohlgefühls zu knüpfen, indem ein offenbarer Widerſpruch gegen die Sittengeſetze ein-
treten würde, wenn die letzte nicht auf die
erſtere folgte.

Gewiſs

Gewiſs täuſche ich mich nicht, wenn ich glaube, daſs alle dieſe Vorſtellungen ſo natürlich aus dem moraliſchen Bewuſstſeyn hervorgehn, daſs ſie auch der Atheiſt nicht von ſich weiſen kann, wie entſchieden er auch in ſeiner Gottesleugnung ſeyn mag. Möge er immer die Ueberzeugung hegen, *Harmonie der Tugend und der Glückſeligkeit* werde nie realiſirt, ſo muſs er doch, wenn er redlich iſt, geſtehn, daſs *die* Ueberzeugung, daſs ſie realiſirt werden *ſollte*, in ihm viel tiefer gegründet iſt, und weit früher erwacht.

Sie, deſſen ſittliches Bewuſstſeyn ſich noch nicht in alle die Vorſtellungen entwickelt hat, welche ſich an das Sittengeſetz nothwendig anſchlieſsen müſſen, können nur ſchwankende und vorübergehende Ahndungen von dem vollſtändigen Endzwecke der ſittlichen Weſen, und dem Plane der moraliſch - phyſiſchen Welt haben, und die Verſuche ihrer Vernunft, ihren Geſichtskreis zu erweitern, und lichtere Ausſichten zu gewinnen, gelten Ihnen ſehr natürlich für Spiele der Phantaſie.

Nach' dem Urheber der kritiſchen Philoſophie kann das ſittliche *Ich* ſeine Verpflichtung zur Er-

I

werbung vollkommener fittlicher Güte nicht vorftellen, ohne eine grenzenlofe Dauer feines Dafeyns zu fordern. Sich jener Verpflichtung bewuſst feyn, und Unfterblichkeit fordern, find
nach ihm Eines.

Sie begreifen nicht, wie das fittliche Wefen
zu einem folchen Schluffe berechtigt feyn könne,
wie man folgern könne, das Ideal einer fittlichen
Güte läfst nur einen unendlichen Fortfchritt in
der Annäherung zu, alfo mufs unfre Fortdauer
unendlich feyn. Es wird, fagen Sie: auch durch
einen unendlichen Fortfchritt nicht erreicht, und,
da es einmal nicht erreicht wird, warum follen
wir es nicht blos als Gefetz für den Zeitraum unfers irrdifchen einzigen Lebens anfehen?

Was das Erfte anbetrifft, fo fallen Sie damit
in den Fehler ibres erften Einwurfs zurück, und
nehmen für einen Schlufs, was keiner ift. Mit
der zweyten Anwendung fetzen Sie fich in Widerfpruch mit ihrem Bewufstfeyn.

Es würde ein höchft lächerlicher Schlufs
feyn:

1) *Wenn ein Ideal in uns ift, welches er-ftreht werden foll, aber nur in grenzenlo-fer Annäherung erftrebt werden kann, fo folgt, dafs wir ins Unendliche fort-dauern.*

2) *Das Ideal der fittlichen Vernunft in uns ift fo befchaffen;*

3) *Alfo folgt, dafs wir ins Unendliche fort-dauern.*

Ein folcher wäre aber auch dem ganzen kri-tifchen Geifte diefer Religionslehre zuwider. Nach diefem Geifte wird hier nur erklärt: *die Nothwendigkeit, fich vollendete fittliche Güte zum Zwecke zu fetzen, und fich die Erreichung der-felben nur in einer grenzenlofen Annäherung mög-lich zu denken, macht zugleich die Forderung einer endlofen Fortdauer zur Nothwendigkeit.* Diefs ift Thatfache für jedes fittliche endliche We-fen, deffen Bewufstfeyn fich vollkommen entfal-tet und ausgebreitet hat. Dafs *Sie* jene Noth-wendigkeit nicht fühlen, hat mit Ihren nur eben geprüften Verirrungen gleichen Grund. Und es ift kein Wunder, dafs Sie der *vermeynten fal-*

fchen Folgerung Kants eine andre entgegenfetzen, nach welcher Sie berechtigt zu feyn glauben, anzunehmen, *dafs, da jenes Ideal auch durch einen unendlichen Fortfchritt nie ganz erreicht werde, es blos eine Richtfchnur unfers Willens für das jetzige Leben fey.* —

Die Vergleichung, welche Sie zwifchen dem moralifchen Ideale, und den äfthetifchen Idealen der Kunftgenieen machen, kann nur denjenigen blenden, der mit der Natur der Sittlichkeit nicht vertraut ift. Sie würden fich eine fo fchiefe Combination nicht erlauben, wenn die Sphäre ihres fittlichen Bewufstfeyns nach allen Seiten gleich beleuchtet wäre. Dann würden Sie einfehn, dafs ein an den Willen gerichtetes, beftimmtes, und unabänderlich gebietendes Ideal der praktifchen Vernunft, keine Gleichung mit einem Ideale der Einbildungekraft zuläfst.

Ein Mahler würde den Vorwurf der ausfchweifendeften Schwärmerey verdienen, wenn er wegen feines nie ganz zu erreichenden Ideals des höchften Schönen bildender Kunft, berechtigt zu feyn glaubte, anzunehmen, dafs er in alle Ewigkeit ein Mahler feyn würde. Allein findet denn

auch zwiſchen dem Kunſtgenie und einem ver-
pflichteten Willen eine Analogie Statt! —

Ich geſtehe, es iſt mir räthſelhaft, wie Sie bey
der reinen und beſtimmten Vorſtellung des Sittengeſetzes, die ich Ihnen nicht abſprechen kann,
eine Einwendung, wie die obige, machen können. Athmeten nicht Ihre Briefe durchaus eine
ſo feſte Lauterkeit der Geſinnung, ſo könnte ich
dadurch leicht zum Verdacht gegen Sie geſtimmt
werden.

Wenn die Vernunft dem ſittlichen endlichen
Weſen zuruft: *Sey heilig!* ſagen Sie, iſt's gleich-
viel, ob ſie demſelben zugleich eine Unendlichkeit anweiſt, oder eine Spanne Zeit? Welches
von beyden iſt widerſinnig? Welches von beyden iſt troſtlos? (Glauben Sie nicht, daſs die
letztere Frage der Seufzer eines Weſens iſt, welches mit ſinnlicher Liebe am Leben hängt; es
iſt ein Ausruf der ſittlichen Vernunft ſelbſt, für
die es unmöglich iſt, ihr Geſetz und zugleich ihre
ganze Würde in Widerſinn aufgelöſt zu ſehen.)

Das Gebot: „*ſey heilig!*" mit *Anweiſung einer Unendlichkeit*, heiſst für das ſittliche endliche

Wefen: *ftrebe in Ewigkeit fort nach dem erha-
benften Ziele; du erreichft es nie, aber deine Annäherung hat auch keine Schranken.* Ein fehr
weifes Gebot, welches unfern Willen immer
von neuem anfeuert, ihn nie muthlos erfchlaffen
läfst. Gott gleich zu werden, kann nicht der
Zweck eines fittlichen Wefens feyn, aber mit
endlofem Eifer nach Verähnlichung mit ihm zu
ftreben, diefs ift ein Problem, welches die Ewigkeit ausfüllt.

Wenn aber die Vernunft dem fittlichen endlichen Wefen zuriefe: *„Sey heilig!" und ihm
zugleich feine Vernichtung mit dem Tode ankün-
digte,* fo hiefse diefs: *Sey ein Thor, wie ich
felbft eine Thörin bin. Nähere dich in zwanzig
Graden einem Ideale, von dem du einfiehft, dafs
es grenzenlofe Annäherung zuläfst und fordert!*
Ein verächtliches Gebot, fo wie es widerfinnig
ift. Oder *kann das Gebot einer unendlichen Annäherung auch zugleich das Gebot einer kurz ab-
gebrochenen Annäherung feyn?* Kann ein Gebot eines und daffelbe zugleich gebieten und nicht
gebieten? — *)

*) Dafs diefs wirklich der Fall feyn würde, erhellt,
glaube ich, hinlänglich aus der im vorigen Briefe

. Und Sie können fagen: „*auch fo betrachtet,*
„*ift es der einzige Grund alles Seelenadels, den*
„*ich mir erwerben kann, und.ich kann um nichts*
„*mehr darüber unzufrieden feyn, dafs ich es nicht*
„*in diefem Leben, als darüber, dafs ich es nicht*
„*in alle Aeonen erreiche*“*!!* Ihr Syftem fagt diefs,
und Ihr Herz fchweigt.

Allein es entgeht mir nicht, dafs der Gedanke einer unendlichen Fortdauer die geheime Klip-
pe ift, der fie hier ausweichen zu müffen glaubten. Sie wären auch nicht der erfte, der daran
fcheiterte.

Eine *unendliche Fortdauer ohne Zeit* können
Sie nicht begreifen; (§. 48.) und eine *unendliche*
Fortdauer in der Zeit verurfacht Ihnen lange
Weile. (S 53.) Dafs eine *unendliche Fortdauer,*
in der Zeit gedacht, die letztere Wirkung her-
vorbringe, läfst fich pfychologifch vollkommen
erläutern. Wer kann die fortdauernde Zufam-
menfetzung von Zeit an Zeit lange aushalten,
ohne zu ermüden, felbft wenn die Phantafie noch

und dem Anhange deffelben gelieferten Entwickelung des Sinnes des Sittengefetzes.

fo reich wäre, um die Räume mt Bildern auszu-
füllen. Dafs fie aber *eine unendliche Fortdauer
ohne Zeit* richt begreifen können, follte Sie nicht
zu der Einbildung beftimmen, als wäre fie ganz
ungedenkbar. Diefs ift fie nicht, wenn man fie
nur nicht falfch deutet. *Fortdauern* heifst hier,
mit Perfönlichkeit und Freyheit fortwirken. Die
Unendlichkeit involvirt keineswegs die Zeit, fondern drückt nur die Verneinung der Vernichtung
aus. Freylich denken wir immer die Zeit hinzu,
und diefs hat keinen Nachtheil. *Zeit* ift Form
der Vorftellung der Zuftände unfres Seyns, und
diefe Vorftellung wird in allen künftigen Epochen
unfers Dafeyns eine Form haben müffen. Warum
follen wir uns nicht fymbolifch *der Zeit* bedienen, um die künftige Form unfres *Seyns* auszu-
drücken?

So die Sache betrachtet, verfchwindet das
Impofante ihrer Deklamation! „*Die Vorftellungen einer unendlichen Fortdauer ift die Brücke,
die zum Allerheiligften hinführen foll; aber was
für eine Brücke! — Eine unendliche Fortdauer
ohne Zeit! O es ift ein Phantom von Brücke,
welches eine träumende Einbildungskraft uns vor-*

lügt; *wir nähern uns, es verschwindet und der Abgrund der Vernichtung liegt vor uns.*" —

So verfehlt als diese Ansicht der Idee einer ewigen Fortdauer ist, so offenbar beruht ihre Behauptung, dafs *Glückseligkeit,* bezogen auf eine andre Welt, ein Wort ohne Sinn sey, nur auf einem Mifsverständnifse.

Dafs für ein sittliches Wesen in jeder Periode seines Daseyns eine physische Natur nothwendig sey, dafs man mit dieser ein Begehrungsvermögen, einen darinn gegründeten Zweck, und ein Interesse für denselben denken müsse, mit einem Worte, dafs man es nicht ohne einen Trieb nach Befriedigung vorstellen könne, habe ich in meinem vorigen Briefe gezeigt. Wie diese physische Natur bey andern Gattungen sittlicher Wesen, als wir sind, beschaffen sey, wie die unsrige nach dem Tode beschaffen seyn werde, wissen wir nicht. Wir bilden aber unsre Vorstellungen davon nach der menschlichen physischen Natur in diesem Leben. Wir sprechen also von Trieben, Begehrnifsen, Gefühlen, die wir nach dem Tode erfahren werden, nicht als ob uns dann eine gleiche Sinnlichkeit eigen seyn würde, wie sie uns

jetzt eigen ift, fondern weil wir uns die Fortdauer unfres fittlichen *Ich* nicht denken können,
ohne uns im Zuftande nach diefem Leben eine
phyfifche Natur zuzueignen, die für unfre Sittlichkeit dann daffelbe leifte, was jetzt unfre Sinnlichkeit. Und eine ähnliche Uebertragung erlauben wir uns in Beziehung auf andre Syfteme
vernünftig - endlich - freyer Wefen; denn obwohl
wir die Form ihrer phyfifchen Natur nicht wiffen
können, fo ift es doch für uns unumgänglich nothwendig, ihnen irgend eine zuzufchreiben, die
der Vernunft und Freyheit gerade fo entgegen-
gefetzt ift, wie in dem Menfchen feine Sinnlichkeit.

Urtheilen Sie nun, wiefern Sie diefe Bemerkungen für wahr anerkennen müffen, ob Sie etwas mehr als fpafshaft find, wenn Sie fagen:
„Glückfeligkeit in einer andern Welt fey eine ähnliche Gedankenverbindung, wie es die eines purpurrothen Geiftes feyn würde."

*Glückfeligkeit ift die vollendete Gnüge des
Triebes nach Befriedigung, der in der phyfifchen
Natur jedes fittlichen Wefens enthalten ift.* Mufs
das fortdauernde fittliche *Ich* in allen Abfchnitten

feine Fortdauer mit einer phyfifchen Natur gedacht werden, fo mufs ihm auch ein folches Streben nach vollkommner Gnüge feines Befried-
gungstriebes zugeeignet werden. Und wenn
auch gleich in der Vorftellung einer *Glückfeligkeit*
in einer andern Welt, ein unverkennbarer Zoomorphifm liegt, fo liegt ihr dennoch eine Idee
zum Grunde, ohne welche die Exiftenz eines fittlichen Wefens gar nicht gefafst werden kann.
Und man darf jene Vorftellung auf das ganze
unendliche Dafeyn eines fittlichen Wefens über-
tragen, ohne den Vorwurf des Widerfinnigen
zu verdienen, wenn fie nur gehörig verftanden
wird.

Sie endigen in Ihrem zweyten Briefe damit,
dafs Sie auch die Idee *Gottes* für eine nichtige
Idee erklären *), und *die ganze Religion ift Ih-*

*) Diefes in der That nicht feine Mifsverftändnifs fin-
det fich bey mehrern Gegnern der kritifchen Philofophie. Herr Platner fragt auch, Aphor. I. Th.
577. „Hat die Idee, welche die praktifche Vernunft von der Gottheit herbeyführt, kein Objekt,
was foll man dabey denken? Wenn Idee eine Art
von Vorftellung ift, und jede Vorftellung auf ein
Objekt bezogen wird, ift dann diefe Idee der Gottheit nicht eine Vorftellung ohne etwas Vorgeftell-
tes?“

nen ein *Gewebe von Gedanken, die gar keine Gedanken sind, ein Gewirr von Vorstellungen, die
nichts darstellen, ja, die sich sogar auf nichts
beziehn.*

Daſs alle Ideen, aus welchen man über der
Baſis der Sittlichkeit und Freyheit, das Gebäude
der Religion aufführt, sich auf keine Gegenstände
der Erkenntniſs beziehen, nichts wirklich *darstellen*, und *insofern* auch keine objektive Reali-
tät besitzen, ist eine Wahrheit, die man bey dem
Lichte unsrer Zeiten, ohne Beschämung nicht
leugnen kann. Daſs es aber Vorstellungen seyen,
die sich überhaupt auf nichts *beziehen*, Gedanken,
die *keine Gedanken*, d. h. unsinnig sind, diese Behauptung ist ein Wagestück, welches Sie sich
nicht erlauben würden, wenn Sie sich mit dem
Geiste der Kritik der reinen Vernunft vertrauter
gemacht hätten. Diese hat schon dadurch sich
ein ungemeines Verdienst für die Zurückweisung
des Atheismus gemacht, daſs sie alle Vorstellungen, welche wesentlich zum Systeme der natürlichen Religion gehören, ihrem wahren Ursprun-
ge nach aus der Natur der Vernunft abgeleitet,
ihrem Inhalte nach bestimmt, und ihrer Gültig-
keit nach hinlänglich gesichert hat. Sie hat aber

diefes Verdienft dadurch vollendet, dafs fie gezeigt hat, welchen erhabnen und vollen Sinn alle jene Vorftellungen bekommen, wenn die moralifche Vernunft fie an fich anfchliefst, um Aufklärung über die Beftimmung der fittlichen Wefen, und den Plan der Welt zu gewinnen. Freylich aber mufs man, um in diefe tiefen und heil-
famen Wahrheiten der Kritik einzugehn, das Irr-
licht der Hoffnung einer Erkenntnifs der Dinge
an fich aufgegeben, und das Verhältnifs der theoretifchen und praktifchen Vernunft richtig gefafst
haben.

Laffen Sie mich nun die Refultate aller bisherigen Bemerkungen ziehen:

1) Es ift eine offenbare Selbfttäufchung, wenn
   Sie fich einbilden, Sie könnten im Bewufstfeyn und der Anerkennung des Sittengefetzes, mit fich felbft zufammenftimmen,
   ohne den Glauben an die Religionswahrheiten anzunehmen. Sie können das moralifche
   Gefetz nicht vollftändig denken, ohne die Beziehung auf alle moralifche Wefen zu faffen;
   die moralifchen Wefen können Sie nicht anders, als unter dem Einfluffe einer Natur

denken. So wie Sie ihr sittliches *Ich*, alle
übrige sittlichen *Ichs*, und die Natur, die
alle umgiebt, denken, müssen Sie eben so
gewiss eine Harmonie der Natur mit dem
Systeme der sittlichen *Ichs* fordern, als von
Seiten dieser die strengste Gesetzmäsigkeit.
Sie müssen mit einem Worte eine allgemeine moralische Ordnung fordern; ausserdem
müsten Sie das Gesetz selbst für lügnerisch
erklären. Als Ziel, worauf diese Ordnung
hinführt, müssen Sie unendlichen Fortschritt
in der moralischen Vervollkommnung, verbunden mit einem entsprechenden unendlichen Fortschritte der Beglückseligung fordern. Und da dieses Ziel von uns nicht als
möglich vorgestellt werden kann, wenn
wir nicht Gott und Unsterblichkeit annehmen, so müssen Sie fordern, dass ein Gott
sey, und dass die moralischen Wesen unsterblich seyen.

2) Die Gründe, durch welche Sie beweisen
wollen, unsre Vernunft widerspreche sich,
wenn sie zu diesen Forderungen übergeht,
sind sämmtlich nichtig.

a) Die im höchsten Endzwecke der sittlichen Wesen ausgedrückte Verbindung der Tugend und Glückseligkeit, hebt so wenig die Reinheit der moralischen Gesinnung auf, dafs sie vielmehr nur durch die lauterste Gesinnung möglich ist.

b) Glückseligkeit, bezogen auf eine andre Welt ist keinesweges eine leere Vorstellung, sondern drückt einen Zweck aus, der von den sittlichen endlichen Wesen in keinem Zeitpunkte ihrer Fortdauer getrennt werden kann.

c) Unendliche Fortdauer ohne Zeit ist keine widersinnige Idee.

d) Die Forderung der unendlichen Fortdauer ist so nothwendig, als die Verbindlichkeit zu unendlichem Fortschritte in der Moralität, und es ist widersinnig, mit dem Bewufstseyn dieser Verbindlichkeit die Verzichtleistung auf die Zukunft zu verknüpfen.

e) Die Idee eines Gottes und die davon abhängigen Religionsideen find keine leeren und nichtsfagenden Ideen.

f) Es ift alfo unwahr, dafs der moralifche Menfch durch Annahme der Religionswahrheiten in Widerfpruch mit fich felbft verfetzt würde.

Darf ich allem diefem zu Folge nicht behaupten, dafs Gewifsheit über Gott und Zukunft zu den *wefentlichen* Bedürfnifsen der Menfchheit gehöre, und dafs derjenige, der diefes Bedürfnifs nicht fühlt, und fogar verächtlich davon denkt, auch bey der edelften Gefinnung, geiftig krank fey? Sie fprechen in einer Stelle Ihres zweyten Briefes (S. 44.) von einem *Delirium.* Sehr richtig. Der Kranke im Delirium verfteht fich felbft nicht, er ift verwickelt in Irrthum und Widersprüche, ohne dafs er es weifs. Ganz fo auch der, welcher eine unbefchränkte Anerkennung des Sittengefetzes mit entfchiedenem Atheifm verknüpft, und nicht fühlt, dafs er dadurch uneins mit ihm felbft werde.

Sie

Sie fprechen noch in Ihrem dritten Briefe von den Urfachen, die Ihnen die Religion zum Bedürfnifse zu machen fcheinen, und Ihre Schilderung des *finnlichen und fittlichen Menfchen ohne Gott* ift zu vermeffen gefafst, als dafs ich der Aufforderung widerftehen könnte, auch an ihr meine Kraft zu verfuchen. Sie erlauben mir diefes in einem meiner nächften Briefe zu thun.

Ich bin u. f. w.

K

Anhang

zu dem vorigen Briefe.

Die bisherigen Darſtellungen des moraliſchen Glaubensgrundes für die Unſterblichkeit der Seele, haben aufser andern Urſachen, auch deſswegen nicht genugſamen Eingang gefunden, weil man diejenigen Vorſtellungen nicht gründlich genug rechtfertigte, auf welche ſich der Glaube bezieht. Eben ſo nothwendig, als es in Beziehung auf die ſubjektive Ueberzeugung vom Daſeyn Gottes iſt, den Sinn und Gehalt jener Begriffe genau zu be- ſtimmen, durch welche man ſeine Eigenſchaften und Verhältniſs zur Welt und Menſchheit vor- ſtellt, iſt es auch in Hinſicht der Unſterblichkeit der Seele, die Bedeutung und den Rechtsgrund des Gebrauchs aller wefentlichen Vorftellungen darzuthun, aus denen die Glaubenslehre von derfelben befteht. Kant hat von diefer Seite feinen Schülern mehr als ein Problem zur Löfung übrig gelaffen.

Ich habe mich in beyden vorhergegangenen Briefen nicht ausführlich auf diefe fo wichtige Unterfuchung einlaffen können, glaube aber doch die wefentlichften Aufgaben in ein folches Licht gefetzt zu haben, bey dem die Mifsverftändnifse deutlich in die Augen fallen, welche den Atheiften zu feinen vermeffenen Behauptungen verleiten.

Ich habe nach der Analogie des Wortes *Anthropomorphifm* den Ausdruck *Zoomorphifm* gebildet, um dadurch die Vorftellung der künftigen Perioden unfers Dafeyns nach der Analogie des jetzigen Lebens zu bezeichnen. Und ich glaube, dafs auch diejenigen, welche mit dem Worte unzufrieden find, mir doch die Gerechtigkeit widerfahren laffen, dafs ich gezeigt habe, mit welchem Rechte man fich folche analogifche Vorbildungen des künftigen Dafeyns erlaube, und dafs

fie mit den fittlichen Prinzipien des Religionsglaubens nothwendig und wefentlich zufammen-
gehören.

Aller *Zoomorphifm* ift entweder *dogmatifch*
oder *fymbolifch*.

Der *dogmatifche Zoomorphifm* beftimmt die
Art unfrer Endlichkeit, die in der Zukunft nach
dem Tode Statt finden wird, nach der Analogie
der uns in diefem irrdifchen Leben zukommen-
den Endlichkeit, mit der grundlofen Einbildung,
als wüfste man, dafs eine gleiche *Endlichkeit* uns
dann zukommen müffe.

Der *fymbolifche Zoomorphifm* thut daffelbe,
jedoch fo, dafs er feine Darftellung nur für eine
bildliche Darftellung eines Gegenftandes ausgiebt,
den wir nie wiffen und begreifen können. Er
hält die reine Idee der *Endlichkeit* feft, und ftellt
das künftige Seyn des endlichen fittlichen Wefens unter einer fymbolifchen Einkleidung vor.

Die Vorftellungen der fittlichen Vernunft und
Freyheit gehen unverändert in die Vorftellung
unfers künftigen Seyns über. Allein da unfre

Sinnlichkeit offenbar von dem Körper abhängt, welcher mit dem Tode zerftöhrt wird, fo ift es nur zu gewifs, dafs wir nach dem Tode eine andre Sinnlichkeit bekommen. Möge diefe nun befchaffen feyn, auf welche Art es fey, fo können wir denn doch ihr Verhältnifs zur fittlichen Vernunft und Freyheit im allgemeinen beftimmen; denn diefes bleibt alle Perioden unfers Dafeyns hindurch immer eines und daffelbe.

Die Form unfers jetzigen Seyns, wiefern es erkennbar ift, ift die *Zeit*. Unfre *Sinnlichkeit* hat in Beziehung auf Sittlichkeit *das* Wefentliche, dafs in ihr Bedürfnifs und *Trieb nach Glückfeligkeit* gegründet ift.

Der *dogmatifche Zoomorphifm* bedient fich bey feiner Darftellung der Unfterblichkeit der *Zeit*, als ob das Seyn nach dem Tode wirklich diefelbe Form haben müfste, als das jetzige, der Vorftellung *der Sinnlichkeit*, und der davon abhängenden Vorftellungen auf gleiche Weife. Für den fymbolifchen *Zoomorphifm* find alle diefe Vorftellungen nur fymbolifche Bilder.

Nach den Grundſätzen der kritiſchen Philoſophie iſt *Zoomorphiſm* für den Menſchen nothwendig, wenn er ſich ſeine künftige Dauer vorſtellen ſoll. Allein nach dem Geiſte derſelben
Philoſophie darf dieſer *Zoomorphiſm* überall nur
ſymboliſch genommen werden,

Wer dieſen im Geiſte der kritiſchen Philoſophie angewendeten *Zoomorphiſm* im *dogmati-
ſchen* Sinne nimmt, kann mit leichter Mühe dem
Urheber derſelben die gröbſten Widerſprüche auf-
bürden, mit leichter Mühe ſich den Schein geben,
als habe er die Nichtigkeit deſſelben gezeigt.
Allein dieſs kann nur von ſolchen geſchehen, welche jenes Syſtems unkundig ſind. Wer mit demſelben hinlänglich vertraut iſt, muſs auch überzeugt ſeyn, daſs der *Zoomorphiſm*, der nach
demſelben Statt findet, eben ſo untadelhaft iſt,
als der nach eben demſelben zugelaſſene *Anthro-
pomorphiſm* in der Beſtimmung der Eigenſchaften
Gottes.

Iede zoomorphiſtiſche Vorſtellung läſst ſich
auflöſen, und die Formel ihrer Auflöſung iſt in
Beziehung auf *Zeit: Wie ſich in unſerm jetzigen Leben die Zeit verhält zu unſerm Seyn, in*

wiefern es erkennbar iſt, ſo wird ſich in jeder künftigen Periode unſers Seyns eine andre uns jetzt
ganz unbekannte Form zu demſelben verhalten;
in Beziehung auf Sinnlichkeit: *Wie ſich in unſerm jetzigen Leben die Sinnlichkeit verhält zu
der ſittlichen Vernunft und Freyheit, ſo wird ſich
in jeder Periode des künftigen Seyns ein ähnlicher
Theil unſrer Natur dazu verhalten.*

Wir dürfen in der zoomorphiſtiſchen Vorſtellung der Zukunft ſo weit gehn, als es unſer *ſittliches* Bedürfniſs die Zukunft vorzuſtellen fordert.
Allein jede zoomorphiſtiſche Vorſtellung, welche
von dieſem Bedürfniſse unabhängig iſt, iſt ſchwär-
meriſch und verwerflich.

M. ** an R. ***

Sie beziehen das Bedürfnifs der Religion auf den *finnlichen* und auf den *fittlichen* Menfchen. Der *finnliche* Menfch fcheint Ihnen der Religion nur dann zu bedürfen, wenn feine Sinnlichkeit über alle Grenzen der Natürlichkeit hinaus erhöht, feine Bedürfnifse übermäfsig vervielfältigt worden; und Verlangen nach Leben und Genufs in feiner Seele eine überfpannte Macht gewonnen hat. Für den *fittlichen* wird fie, Ihrer Meynung nach, nur dann eine dringende Nothwendigkeit, wenn er fich noch nicht zu jener Selbftftändigkeit im Guten erhoben hat, welche feine Gefinnung ohne alle Beyhülfe religiöfer Ueberzeugungen fichert.

Das Bedürfnifs des einen und des andern erfcheint Ihnen verächtlich, und *der Tugendhafte
ohne Gott* ift Ihnen das Ideal der fittlich vollkom-
menften Menfchheit.

In Ihren Behauptungen über die entgegenge-
fetzte Wirkung, welche der Gedanke der Vernichtung auf den finnlichen Menfchen macht, je nachdem er der Natureinfalt treu blieb, oder fich durch
übertriebene Verfeinerung von ihr entfernte, liegt
ungemein viel Wahres, und ich ftimme mit Ihnen darinn vollkommen überein, dafs die Begier
fortzuleben für den nicht entarteten finnlichen
Menfchen natürliche Grenzen hat, wo fie allmählig erlifcht. Wäre der Menfch ein blos finnliches
Wefen, fo würde er, wenn er nicht entartet wäre, nichts Schreckliches darinn finden, durch die
wechfelnden Alter des Lebens zum Tode geführt
zu werden.

Aber was berechtigt Sie denn, einen blos
finnlichen Menfchen anzunehmen? Und wie vereinbaren Sie es mit Ihren Ideen über die Würde

der Menschheit, einem solchen Wesen, welches den Namen des Menschen gar nicht verdient, eine schwärmerische Achtung zu widmen, wie Sie dieselbe in einer Stelle Ihres Briefes ausdrücken, die gegen Ihre erhabene Moral auf eine so seltsame Weise absticht? „Ein solcher Geist, sagen Sie, *würde uns überall begleiten, wenn wir im liebenswürdigen Zustande der einfachen Natur lebten. Da würden wir heiter nach dem Aufgange des Lebens rückwärts, und eben so heiter vorwärts nach dem Untergange des Lebens sehen; der Gedanke: bald nicht mehr zu seyn, würde uns eben so wenig beunruhigen, als der Gedanke, dass wir vor unserm Entstehen nicht waren. Aber wir haben keinen Sinn für diese weise Einfalt menschlicher Gesinnung, wir verschrobenen Wesen, wir Wesen, die keine Wesen mehr sind.“*

Ich für meinen Theil finde nichts ehrwürdiges in dieser Stimmung des sinnlichen Menschen, finde keine wahre Gröfse in einer Gleichgültigkeit gegen *den natürlichen Tod im Alter,* die nur auf die Abnahme der Genufsfähigkeit, und den verschwindenden Reiz des Lebens gegründet ist.

Oder ift es etwa ein Heroifmus, wenn man das
Leben zu lieben auf hört, wenn es kein Mittel mehr
zu dem Zwecke ift, wegen welches allein man
es werthfchätzte, kein Mittel mehr für das Vergnügen der Sinnen? Wahrlich, die Gefinnung des
verfeinerten finnlichen Menfchen, deffen Begier
fortzuleben keine Grenzen kennt, ift um keinen
Grad niedriger, als die Verachtung, mit welcher
der finnliche Menfch, der der Natureinfalt treu
blieb, das Leben anfieht, wenn feine Organe für
den Genufs abgeftumpft find.

Und können Sie es wagen, den Glauben an
Gott und Unfterblichkeit, den ein folches üppiges
Gefchöpf, wie jener verfeinerte finnliche Menfch
ift, blos für das Bedürfnifs feiner Sinnlichkeit annimmt, mit dem Namen der *Religion* zu belegen? Können Sie das Wefen, von dem es feine
Glückfeligkeit erwartet, einen *Gott* nennen?
„Der *entartete* finnliche Menfch fagen Sie; fucht
einen Gott, und weifs damit nicht, was er fucht.‟
Er weifs es nur zu gut, und Sie follten wiffen,
dafs es kein *Gott* ift, —

Ihre Behauptung. daſs das Bedürfniſs der Religion für den ſittlichen Menſchen eine Folge ſeiner Schwäche ſey, habe ich bereits in meinen vorigen Briefen beleuchtet, und Sie können daraus abnehmen, wie ich über Ihre Herabſetzung *des Tugendhaften mit Gott* gegen *den Tugendhaften ohne Gott* urtheile.

Wenn es *Tugendhafte ohne Gott* giebt, ſo gehört meine Bewunderung ihnen eben ſo ſicher an, als die Ihrige und die eines jeden ſittlichen Weſens. Denn der Adel und die Erhabenheit ihrer Geſinnung iſt keinem Zweifel ausgeſetzt. Aber wenn ſich das moraliſche Geſetz, wie ich gezeigt zu haben glaube, *als Geſetz*, ohne die Vorſtellungen von *Gott* und *Unſterblichkeit* nicht einmal denken läſst, ſo iſt die Geſinnung des Tugendhaften ohne Gott eine innerlich widerſprechende Geſinnung, und die Bemerkung des Widerſinnigen in derſelben ſchränkt die Bewunderung gar ſehr ein, die man ihm wegen der Güte ſeines Willens ſchuldig iſt. Kann ich ſagen, ein ſolches Weſen ſey das *non plus ultra* ſittlicher Erhabenheit, da es ſich, wenn auch bey dem beſten Willen, doch ſelbſt nicht verſteht?

Und ich leugne nicht, dafs ich eben aus diefem Grunde zu der Feftigkeit der Güte des tugendhaften Atheiften kein grofses Zutrauen habe. Seine Vorftellung von *Pflicht* hat nicht diejenige Ausbreitung in alle wefentlich zu ihr ge-
hörende Vorftellungen, durch welche allein das
Gebieten des Gefetzes vollen Sinn bekommt.
Wie wäre es möglich, dafs er durch ihre Kraft
auch nur in den mehreften Fällen die Sinnlichkeit
überwände? Eine folche Vorftellung des Sittengefetzes, wie er fie hat, entfcheidet nur in jenen
Augenblicken, wo das erhöhte Gefühl die Seele
zum Enthufiafm ftimmt; in Zuftänden des käl-
tern Nachdenkens wird fie gewifs nur felten eine
befondere Kraft zeigen,

Wenn es *einen Tugendhaften mit Gott* giebt,
fo ift es derjenige, welcher fein fittliches Bewufstfeyn in alle zur Vollftändigkeit deffelben ge-
hörende Vorftellungen von *Gefetz* bis auf *Unfterblichkeit* und *Gott* ausgebreitet hat, welcher
für die hohe fittliche Ordnung durch feine Ent-
fchlüffe und Handlungen wirkt, mit der innigen
Ueberzeugung, dafs diefe Ordnung im Ganzen

der Sitten - und Naturwelt durch Gott realifirt
werde, *ohne jedoch der Vorftellung der fittlichen
Folgen der Handlungen in Beziehung auf Glückfeligkeit, den entfernteften Einflufs auf die Nöthi-
gung feines Willens zu verftatten.*

Steht wohl diefes Wefen, wie Sie glauben,
gegen *den Tugendhaften ohne Gott* zurück? Gewifs ift es vielmehr ein erhabeneres und liebens-
würdigeres Wefen. Es verfteht fich felbft vollkommen in feiner Anerkennung der Heiligkeit der
Pflicht; weit entfernt, fich, wie der Tugendhafte
ohne Gott, mit blinder Treue einer gefetzgebenden Vernunft zu unterwerfen, die fich felbft Lü-
gen ftrafen mufs, überfieht es die fittliche Ordnung in ihrem ganzen Umfange, und fein Wille
ift mit den Willen aller ihm gleichen Wefen auf
eine Harmonie gerichtet, die in der Zukunft kein
Traum bleiben wird, fo wie ihr Grundrifs in den
Seelen der fittlichen Wefen keine Schimäre ift.

Und wozu gehört wohl mehr Seelenftärke,
dazu, überzeugt zu feyn von der Nichtigkeit der

Zukunft und einer allgemeinen fittlichen Ordnung,
und ohne Einfluſs von Hoffnung und Furcht das
Gute auszuüben, oder *dazu*, überzeugt zu ſeyn
von Gott und Unſterblichkeit und dennoch ohne
alle Hinſicht auf Lohn und Strafe jeder ſittlichen
Pflicht Genüge zu leiſten? Wenn ich einmal
nichts zu hoffen und nichts zu fürchten habe, was
ifts Groſses, daſs ich ohne Furcht und Hoffnung
handle! Aber, alles zu hoffen und alles zu fürchten haben, und doch die Reinheit ſeiner Geſinnung vor jedem Antheile dieſer Gemüthsbewe-
gungen bewahren, dieſa ſcheint mir das gröſste
Problem für eine energiſche ſittliche Seele zu
ſeyn,

Wenn Sie ſagen, *,,es ſey eine leidige Ziere-*
rey, wenn ein Tugendhafter mit Gott, bey ſ·inen
Handlungen an die Vergeltungen der Zukunft
nicht denke, es ſey pſychologiſch unmöglich, die
Vorſtellung davon ſchwebe ihm jederz·it, wenn
auch oft nur dunkel vor, und habe unausbleiblich
Einfluſs auf ſeinen Willen," ſo kann man mit noch
viel mehrerm Rechte ſagen, daſs Tugend mit
Gottesleugnung verbunden, meiſtens nur Heu-

cheley fey, dafs es pfychologifch unmöglich fey,
feft an Gefetz und Pflicht zu halten, und zugleich
vom Nichtfeyn eines Gottes überzeugt zu
feyn.

Sie endigen mit dem vermeffenen Gedanken,
*die Gottheit hätte, wenn eine wäre, den Atheifm
felbft in den Seelen der Menfchen gründen müffen,
als eine nothwendige Bedingung der Reinheit ihrer Gefinnung.* Nein; es war eine weit ftärkere
Prüfung, wenn fie uns zureichende Gründe der
Ueberzeugung von ihrem Dafeyn und ihrer Welt-
regierung einpflanzte, und zugleich forderte,
wir follten der Hinficht auf die beglückfeligenden
Folgen unfrer Tugend nicht den mindeften Einflufs auf die Motivirung unfrer Handlungen verftatten; diefs hiefs uns zur gewaltigften Anftren-
gung unfrer Seelenftärke auffordern. Sagen Sie,
*der gläubige Tugendhafte wiffe doch, dafs ihm
die Belohnungen feiner Güte nicht entgehen,* fo
antworte ich, dafs eben diefe Gewifsheit die Lauterkeit feiner Gefinnungen erfchwere, und dafs
eben defshalb feine Tugend, wenn er eine folche
wahrhaft befitzt, einen um fo gröfsern Werth habe.

Und

Und fo ift denn keinesweges der Atheifm
*das einzige ächte Kind der Sittenphilofophie des
kritifchen Syftems.* Der Glaube ift es. Tugend
verbunden mit Gottesleugnung ift etwas Grofses;
aber gröfser noch Tugend, verbunden mit Ueberzeugung von Gott und Unfterblichkeit. Die
Vernichtung aller Hoffnungen in Beziehung auf
Zukunft, kann ein mächtiges Hindernifs der Moralität in den Seelen vieler Menfchen feyn; die
fefte Gründung jener Hoffnungen ift ein noch
weit verführerifcheres. Es wird unferm Willen
weit leichter, Pflicht ihrer felbftwegen auszuüben,
wenn alle Ausficht auf Lohn verfchwindet, als
denn, wenn der Gedanke des unausbleiblichen
Lohnes fich uns immer aufdringt, und die edle
Uneigennützigkeit unfrer Gefinnung in Gefahr
fetzt. —

Ich fchliefse hiermit meine Bemerkungen
über Ihre Briefe. Augenblickliche Umftimmung
Ihrer Ueberzeugung kann, wie ich gleich in meiner erften Antwort erklärte, die Wirkung derfelben nicht feyn. Allein wenn ich mich nicht
ganz täufche, fo habe ich in ihnen diejenigen Gefichtspunkte zufammengeftellt, welche Sie faffen

L

müſſen, um ſich unpartheyiſch ſelbſt zu prüfen.
Alles übrige kann ich nur von Ihrer eignen Kraft
erwarten; denn Syſteme, deren Geiſt in das Innre des Herzens eines Menſchen verwebt iſt, können ſchwerlich durch fremde Angriffe von dieſem
Herzen losgeriſſen werden..

Ich bin u. ſ. w.

Beylage

zu dem vorigen Briefe.

W ie fehr auch die grofse Menge der Menfchen
gegen den Atheifm eingenommen zu feyn pflegt,
fo find dennoch alle Stimmen fo ziemlich darüber
einverftanden, dafs ein *wahrhaft* tugendhafter
Atheift ein überaus achtungswürdiges Wefen
fey. Und bey der Vergleichung des *tugendhaften Atheiften* mit dem *tugendhaften Gläubigen*
verliert gemeiniglich der letztere.

Der Atheifm hat allezeit die Mehrheit gegen
fich, weil man glaubt, er laffe fich mit der Tugend nur durch Ueberwindung von Schwierig-

keiten vereinigen, denen die meiſten Menſchen unterliegen, man könne alſo jederzeit als das Wahrſcheinlichſte vorausſetzen, daſs ein Leugner unſittlich ſey. Selbſt die gemäſsigteſten Beurtheiler des Atheiſm halten ihn meiſtens nur mit *äuſserer* Geſetzmäſsigkeit der Handlungen vereinbar. *Bako,* welcher in ſeinen *traulichen Reden* (in ſermon. fidel.) eine ſehr feine Parallele zwiſchen dem Atheiſin und der Superſtition zieht, geſteht dennoch nur ſo viel zu: Atheiſmus non prorſus convellit dictamina ſenſus, non philoſophiam, affectus naturales, leges, bonae famae deſiderium, quae omnia, licet religio abeſſet, morali cuidam virtuti *externae* conducere poſſunt; ſuperſtitio haec omnia dejicit et tyrannidem abſolutam in animis hominum exercet.

Eben deſshalb auch überraſcht der Gedanke eines tugendhaften Atheiſten ſo ſehr, und dringt auch dem Feinde des Syſtems eine tiefe Ehrfurcht ab. Es ſcheint das *non plus ultra* der Prüfung zu ſeyn, der Pflicht treu bleiben zu ſollen, mit der Ueberzeugung, daſs die Tugend nie von angemeſſenen Folgen begleitet ſeyn wird.

Wenn der tugendhafte Gläubige in Vergleichung mit dem tugendhaften Leugner in den Au-

gen der meiſten Menſchen verliert, ſo finde ich
den Grund davon vorzüglich darinn, daſs man
ſich die Seelenſtärke, welche zur Vereinigung
der Tugend mit dem Atheiſm erfordert wird, zu
groſs, jene aber, die zur Verbindung der Tugend
mit dem Glauben nöthig iſt, zu klein denkt.

Die von allen eigennützigen Hinſichten un-
abhängige, urſprünglich in uns gelegte Triebfe-
der des Guten, kann in der Seele des Leugners
eben ſo ſtark wirken, als in der des Gläubigen;
er kann eben ſo wohl, als dieſer ein reines Intereſſe an der Geſetzmäſsigkeit der Handlungen
nehmen, als der, welcher von Gott und Unſterblichkeit überzeugt iſt. Hat er ſich aber dieſen
ſtarken und reinen ſittlichen Sinn gegeben, ſo iſt
die Aufopferung nicht ungeheuer, die er macht,
wenn er die Reize der Sinnlichkeit überwindet,
und handelt, wie es die Würde ſeiner Natur fordert. Sind denn jene Reize für den *gebildeten*
Menſchen ſo verführeriſch? Wiegt nicht auch
der kalte Gedanke der Hoheit unſrer Natur ſie in
jeder edlern Seele auf? Allein ich weiſs nicht,
warum wir in dieſem Falle jene Reize ſo hoch
rechnen, und mit einer ſeltſamen Aufwallung
unſrer Sympathie den tugendhaften Atheiſten be-

klagen, als leide er bey feiner Tugend einen
grofsen Verluft.

Bey der gewöhnlichen Zufammenftellung
des tugendhaften Leugners mit dem tugendhaften Gläubigen, denken wir mit einer unbegreif-
lichen Täufchung die Tugend des Leugners in
vollkommner Reinheit, während wir dem Gläubigen nur eine unlautre Gefinnung zueignen.

Denken wir uns den Gläubigen, wie den
Leugner *rein* gut, fo dafs wir auch allen Einflufs
feiner religiöfen Hoffnungen auf feine Handlungen wegdenken, fo fällt es fogleich in die Augen, dafs kein endliches Wefen erhabner gedacht werden kann, als ein folches, in welchem
fich Tugend und Glaube vereinigen. Denn
nichts ift fchwerer, als Glauben zu haben, von
dem doch der Wille nichts wiffe.

Mit diefer Erhebung der Seele dachte fich
Charron feinen Weifen, und ich weifs diefe Briefe nicht beffer zu befchliefsen, als mit folgender
Stelle feines originellen Werkes *über die Weifsheit*:

Voyci ce que je veux et requiers en mon
fage, une vraye preud'homie et une vraye
pieté, joinétes et mariées enfemble; que
chafcune fubfifte et fe fouftienne de foy-
mefme, fans l'aide de l'autre, et agiffe par
fon propre reffort.

Je veux, que fans paradis et enfer, l'on
foit homme de bien; ces mots me font horri-
.bles et abominables: Si je n'etois Chretien,
fi je ne craignois Dieu et d'etre damné, je
ferois ou ne ferois cela.

O chetif et miferable, quel gré te faut-il
fçavoir de tout ce que tu fais? Tu n'es me-
fchant, car tu n'ofes, et crains d'etre battu;
je veux que tu ofes mais que tu ne veuilles,
quand bien ferais affeuré de n'etre jamais
tanfé.

Tu fais l'homme de bien afin que l'on te
paye et l'on t'en dife grand merey. Je veux
que tu le fois, quand l'on n'en devrait jamais
rien fçavoir, je veux que tu fois homme de
bien pource que nature et la raifon (c'eft
Dieu) le veuft, l'ordre et la police generale

du monde, dont tu es une piece, le requiert ainſi, pource que tu ne peux conſentir d'etre autre, que tu n'ailles contre toy-meſme, ton eſtre, ton bien, ta fin; et puis en advienne ce qu'il pourra.

Je veux auſſi la pieté et la religion, non qui faſſe, cauſe, ou engendre la preud-homie ja née en toy et avec toy, plantée de nature, mais qui l'approuve, l'authoriſe, couronne. La religion eſt poſterieure a la preudhomie.

Charron de la Sageſſe L. II. ch. V.

Anhang

die Herausgabe diefer Briefe
betreffend.

Brief des Herausgebers an einen Freund, dem er
die Handschrift dieser Briefe zugesendet hatte,
als Nachrede zu betrachten.

Empfangen Sie meinen ungeheuchel-
ten Dank für die nicht unwichtigen Be-
denklichkeiten, die Sie meinem Ent-
fchlufle, die Ihnen zugefendeten Briefe
über den Atheifin herauszugeben entgegen ftellen. Ich wufste fchon aus mehr
als einer Erfahrung, dafs Ihrer littera-
rifchen Gewiffenhaftigkeit kein Skrupel
entfchlüpfen kann, und eben defshalb

erhielten Sie jene Briefe. Sie find bereits unter der Preffe, und ich bin es Ihnen fchuldig, mich zu rechtfertigen, dafs ich fie, ungeachtet Ihrer Einwendungen, dem Publikum in die Hände liefre.

Wozu, fragen Sie, dafs man Darftellungen des Atheifm giebt, bey denen er in einem fchönen Lichte erfcheint, und durch feine verführerifche Auffenfeite viele Menfchen blenden kann. Heifst es redlich gegen die Menfchheit verfahren, wenn man Meynungen, welche die Ruhe der meiften Menfchen zerftöhren müffen, in ein empfehlendes und einfchmeichelndes Gewand kleidet?

Sie wiſſen wohl, daſs ich in Hinſicht auf Mittheilung philoſophiſcher Wahrheiten die Frage: cui bono? nicht ſo verächtlich abweiſe, als es von manchen Aufklärern unſrer Tage geſchieht. Auch Ihr Wozu ſcheint mir ſehr vernünftig; allein ich bin wegen einer Antwort um ſo weniger in Verlegenheit, da ich dieſe Frage ſelbſt aufgeworfen hatte, ehe ich Ihnen noch die Handſchrift ſandte.

Darüber ſind wir hoffentlich einig, daſs es das gemeinſchaftliche Intereſſe aller denkenden Freunde der Menſchheit ſeyn müſſe, der Verbreitung des Atheiſm entgegen zu arbeiten. Der Atheiſm hat mannigfaltige Geſtalten, und gewinnt ihrer immer neue, beynahe bey jeder Revolution der Philoſophie.

Soll der Kampf mit ihm zu einem vollendeten Siege entschieden werden, so muss er unter allen Formen angegriffen werden, die er annehmen kann.

Der Atheism gewinnt einen gewissen Charakter des Edeln, je nachdem er sich mit Sittlichkeit und Tugend verträgt, er erscheint gross, wenn wir in ihm eine Stütze der Reinheit und Stärke der moralischen Gesinnung eines Menschen zu treffen glauben. Dann ist er auch in der That wegen des Anscheins von Erhabenheit, den er mit sich führt, verführerisch. Soll man ihn aber deswegen umgehen, ihm furchtsam ausweichen, als sey er unüberwindlich? Nein, eben deshalb muss man ihm um so offener und kräftiger die Spizze bieten, und der Sieg ist vollendet,

wenn er sich auch in seiner stärksten
und glänzendesten Rüstung nicht halten
kann.

Hat die Schilderung eines solchen
Atheism etwas anziehendes, und ist
wirklich fähig, gewiffe Gemüther ein-
zunehmen, so hat diefes gewifs mehr
als einen Vortheil.

Erftlich erfcheinen dadurch jene Syfteme eines groben Atheism, die ihren
Grund in Selbftfucht und Unfittlichkeit
haben, in ihrer ganzen Nichtswürdig-
keit. Diefe Syfteme find in unfern Zeiten
unftreitig nur zu fehr verbreitet, und
jedes Mittel, fie in ihrer Verächtlich-
keit darzuftellen, ift für die Menfchheit
wohlthätig. Ift es einmal, wie es
fcheint, nicht möglich, allen Menfchen

Ueberzeugung von den Wahrheiten der
Religion mitzutheilen, so ist schon viel
gewonnen, wenn wenigstens der Un-
glaube in ein, der Sittlichkeit minder
schädliches Verhältniss gesetzt wird.

Sollte dann nicht auch das Interesse
für einen so edeln Atheism den Eingang
der Religion vorbereiten? Er geht aus
reiner sittlicher Gesinnung hervor, und
führt selbst, wie ich in diesen Briefen
gezeigt zu haben glaube, zur Religion
hin, wenn das moralische Bewusstseyn
seine vollkommene Ausbreitung erhält.

Sie bemerken, die widerlegen-
den Briefe seyen nicht mit der
Wärme geschrieben, die in den
Briefen des Leugners herrscht,
und diefs könne leicht den Ver-

dacht erregen, als feyen fie mehr Amts halber, denn aus Ueberzeugung gefchrieben.

Hier haben Sie nicht bedacht, dafs ein fyftematifcher Leugner durch den lebendigften und feurigften Ausdruck der Ueberzeugung eines Gläubigen nicht bekehrt wird. Er hat, fo wie er einmal geftimmt ift, kein Gefühl dafür. Man mufs ihn auf ihn felbft zurückführen, ihm das Widerfprechende in feinen Ueberzeugungen allmählig einleuchtend machen, und ihn fo in den Stand fetzen, fich felbft zu widerlegen, und mit freyer Thätigkeit feiner Seelenvermögen aus dem Unglauben zum Glauben überzugehen. —

M

Und fo denke ich denn, könne kein
vernünftiger und wohlwollender Mann
an diefen Briefen ein Aergernifs nehmen, und bin wegen der Wirkungen
derfelben auf Geift und Herz meiner Lefer in keiner Verlegenheit.

Ich bin u. f. w.

Druckfehler.

S. 32. Zeile 6. von unten, lies ſtatt: von Aufnahme, von der Aufnahme.
